Vintage in Paris

Introduction

パリは、だれもがあこがれる、ファッションの街。
その昔、貴婦人たちのために仕立てられた繊細なドレスや
フランスを代表する、老舗メゾンのコレクション……。
うっとりするようなラグジュアリーな世界から
いまのパリジェンヌたちが着こなすカジュアルまで
さまざまなファッションのスタイルがあります。

ヴィンテージ・ブティックは、各時代をいろどってきた
素敵な洋服やアクセサリーが眠る場所。
このワンピースを着ていた女性は、どんな人かしら？
あの帽子は、どんなときにかぶっていたもの？
ハンドステッチの刺しゅうを手がけたのは？
いま、目の前にあるヴィンテージの洋服が
どこで生まれて、どうやって、ここにたどりついたのか
ストーリーを想像するのも、楽しみのひとつです。

そして、気になって手に取ってみたアイテムが、
自分のサイズに、ぴったりだったときのうれしさ！
シンデレラのガラスの靴のように
あなただけのとっておきの一点ものを探しに
パリのヴィンテージ洋服屋さんへでかけましょう。

ジュウ・ドゥ・ポゥム

本書で紹介した情報は、2012年8月取材当時のものです。取材後に変更する可能性もありますので、ご了承ください。また掲載の商品が店頭からなくなっていることもありますので、ご理解の上お楽しみいただければ幸いです。

CHEZ CHIFFONS

contents

パレ・ロワイヤル＆エチエンヌ・マルセル＆シャンゼリゼ 1区＆2区＆8区
PALAIS ROYAL, ETIENNE MARCEL et CHAMPS-ÉLYSÉES
1er, 2e et 8e

GABRIELLE GEPPERT	ガブリエル・ジェペール	8
DIDIER LUDOT	ディディエ・リュド	12
LA PETITE ROBE NOIRE	ラ・プティットゥ・ローブ・ノワール	16
FR/JP	エフエール／ジーペー	18
107 RIVOLI	ソンセットゥ・リヴォリ	20
POUR VOS BEAUX YEUX	プール・ヴォ・ボー・ズュ	22
ROOM SERVICE	ルーム・サーヴィス	26
SCARLETT	スカーレット	28

マレ＆オー・マレ 3区＆4区
MARAIS et HAUT MARAIS
3e et 4e

ODETTA VINTAGE	オデッタ・ヴィンテージ	30
25 JANVIER PARIS	ヴァンサンク・ジャンヴィエ・パリ	34
VIOLETTE & LEONIE	ヴィオレット＆レオニー	36
AU FIL D'ELISE	オ・フィル・デリーズ	38
FRANCINE DENTELLES	フランシーヌ・ダンテル	42
BIBLIOTHÈQUE FORNEY	ビブリオテック・フォルネイ	44
A L'ELÉGANCE D'AUTREFOIS	ア・レレガンス・ドートルフォワ	46
LA JOLIE GARDEROBE	ラ・ジョリ・ギャルドローブ	48
MAM'ZELLE SWING	マムゼル・スウィング	50
SOON FAMOUS	スーン・フェイマス	52
LE COMPTOIR DE L'IMAGE	ル・コントワール・ドゥ・リマージュ	54
STUDIO W	ステュディオ・ドゥブルヴェ	56
PRETTY BOX	プリティー・ボックス	57
BIS BOUTIQUE SOLIDAIRE	ビス・ブティック・ソリデール	58

サン＝ジェルマン・デ・プレ 6区
SAINT GERMAIN DES PRÉS
6e

LES TROIS MARCHES DE CATHERINE B	レ・トロワ・マルシュ・ドゥ・カトリーヌ・ベー	60
ADRENALINE	アドレナリン	64
TIANY CHAMBARD	ティアニー・シャンバール	66

PIGALLE et ABBESSES
ピガール＆アベス　9区＆18区
9ᵉ et 18ᵉ

- CÉLIA DARLING　セリア・ダーリン 68
- MAMIE BLUE　マミー・ブルー 72
- MAMIE　マミー 74
- KILLYGRIND　キリーグラインド 76
- FRIPES KETCHUP　フリップス・ケチャップ 78
- BELLE DE JOUR　ベル・ドゥ・ジュール 80

CANAL SAINT-MARTIN
サン＝マルタン運河　10区
10ᵉ

- CHEZ CHIFFONS　シェ・シフォン 82
- THANX GOD I'M A V.I.P　サンクス・ゴッド・アイム・ア・ヴィップ 86

MÉNILMONTANT et GAMBETTA
メニルモンタン＆ガンベッタ　11区＆20区
11ᵉ et 20ᵉ

- CASABLANCA　カサブランカ 90
- GOLDY MAMA　ゴールディ・ママ 92

LE MARCHÉ AUX PUCES SAINT-OUEN
クリニャンクールののみの市
.... 96

- FALBALAS　ファルバラス 100
- JACQUELINE SAINSERE　ジャクリーヌ・サンセール 102
- DANIEL ET LILI　ダニエル・エ・リリ 106
- LES MERVEILLES DE BABELLOU　レ・メルヴェイユ・ドゥ・バベルー 110
- CHEZ SARAH　シェ・サラ 114
- IRMA　イルマ 116
- ANTIQUITÉS BECKER　アンティキテ・ベッカー 118
- DENYSE VINTAGE　ドゥニーズ・ヴィンテージ 120
- PATRICIA ATTWOOD　パトリシア・アットウッド 122
- ARTÉMISE & CUNÉGONDE　アルテミズ＆キュネゴンドゥ 124
- LA SOURCE DU SAVOIR　ラ・スルス・デュ・サヴォワール 125
- JOHANNE DEBEIRE　ジョアンヌ・ドゥベイール

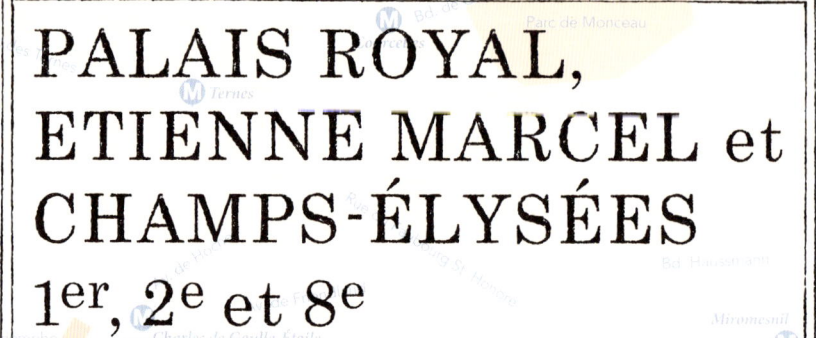

PALAIS ROYAL, ETIENNE MARCEL et CHAMPS-ÉLYSÉES
1er, 2e et 8e

パレ・ロワイヤル&エチエンヌ・マルセル&シャンゼリゼ
1区&2区&8区

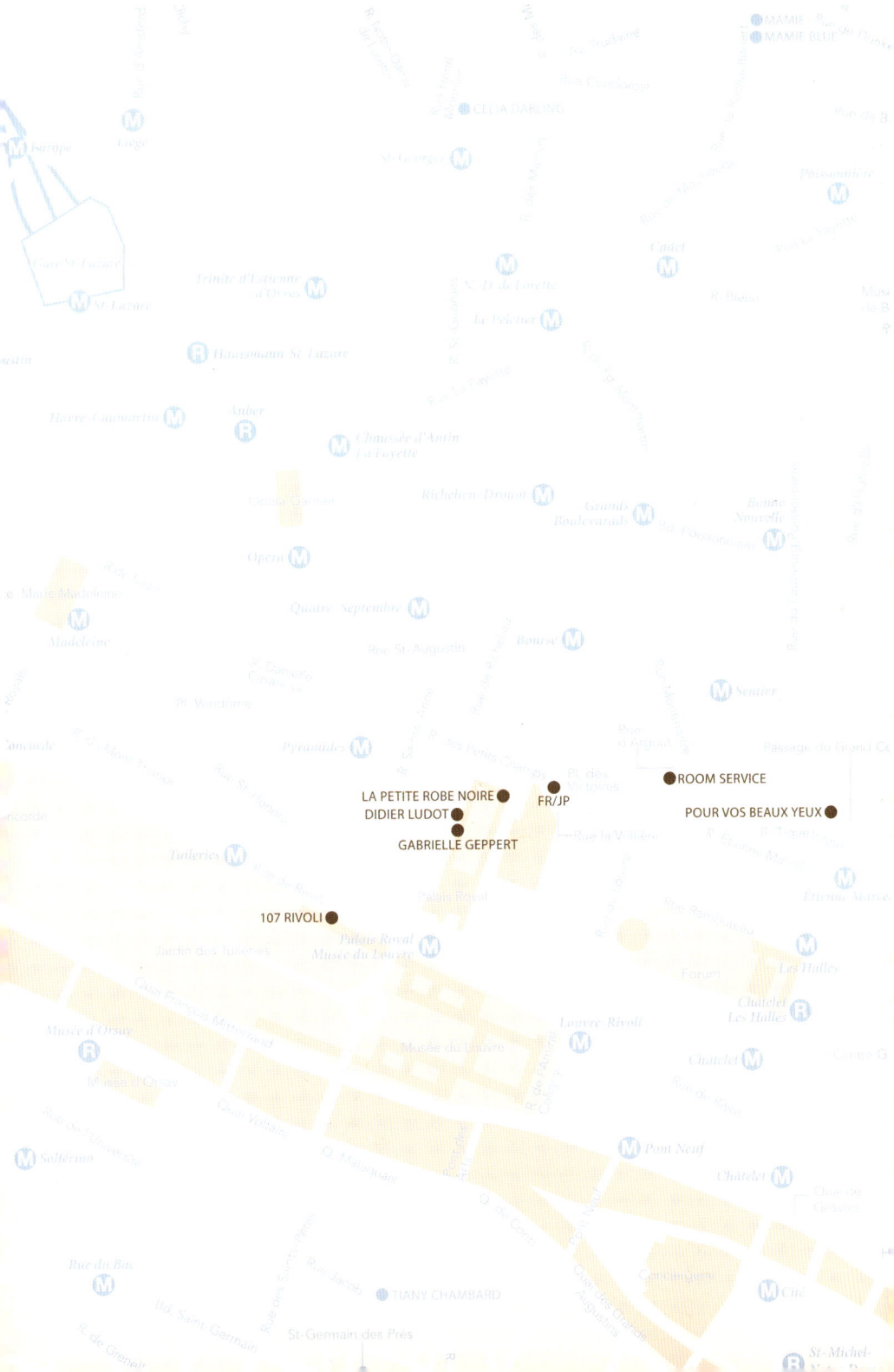

- MAMIE
- MAMIE BLUE
- CECILA DARLING
- ROOM SERVICE
- LA PETITE ROBE NOIRE
- DIDIER LUDOT
- FR/JP
- POUR VOS BEAUX YEUX
- GABRIELLE GEPPERT
- 107 RIVOLI
- TIANY CHAMBARD

GABRIELLE GEPPERT

ガブリエル・ジェペール

GABRIELLE GEPPERT
Jardin du Palais Royal, 31& 34,
Galerie Montpensier 75001 Paris
métro : Palais Royal
tél : 01 42 61 53 52
open : Mon-Sat 11:00-19:00
www.gabriellegeppert.com

いまの気分にあう、ピュアなデザインのヴィンテージ

庭園をぐるりと囲む回廊におしゃれなブティックが並ぶ、ジャルダン・デュ・パレ・ロワイヤル。ガブリエル・ジェペールは、ガブリエルさんのチャーミングな人柄と、次のトレンドを敏感に取り入れたセレクトが人気のヴィンテージ・ショップです。白いペンキで店名が描かれたガラスドアの中は、ピュア・ホワイトを基調にしたシックなインテリア。エルメスやディオールをはじめ、さまざまなブランドが集められていますが、ガブリエルさんがもっとも影響を受けた人物だというココ・シャネルは特別な存在。シャネルの品が売れると、いつも心の中でココに感謝を捧げるのだそう。

上：額縁のような壁面のショーケースには、ジュエリーやバッグなどのアクセサリーで絵画のようなディスプレイに。
中：シャネルやディオール、エルメスなど、フランスらしい手仕事を大事にしているブランドがガブリエルさんのお気に入り。左下：シャネルのクラッチバッグ。
中下：ゆれるロゴチャームがかわいらしい「レディ・ディオール」。右下：キャップスリーヴが愛らしい、シャネルのツイード・ジャケット。

31

GABRIELLE
GEPPERT

DIDIER LUDOT
Jardin du Palais Royal, 24,
Galerie Montpensier 75001 Paris
métro : Palais Royal
tél : 01 42 96 06 56
open : Mon-Sat 11:00-19:00
www.didierludot.fr

フランスのオートクチュールの物語が集まるミュージアム
DIDIER LUDOT
ディディエ・リュド

モードのミュージアムのようなショーウィンドウに、パレ・ロワイヤルの回廊で思わずだれもが立ち止まってしまう、ディディエ・リュド。子どものころから、お母さんとおばあさんが着こなすオーダーメイドの洋服にあこがれていたというオーナーのディディエさん。エレガントでいて緻密、そして官能的な魅力を持つオートクチュールへの情熱が、このお店を生みました。フランスのオートクチュール文化を守り、その歴史や知識を新しい世代に伝えたいというディディエさん。そんな彼だからこそ、大切な思い出を胸に持ち主の女性たちは笑顔で、ドレスを託すことができるのでしょう。

左上：シャネルのスーツは、ディディエさんにとって、もっとも完璧なもの。右上：ヴィヴィッドなマゼンタピンクのジャケットは90年代のもの。右中：フェルナンド・デグランジュの50年代のハンドバッグは、時計がついたユニークなデザイン。左下：大ぶりのアクセサリーもすべて、オートクチュールのコレクションから。右下：カメリアがあしらわれたシャネルのサンダルは、ヴァカンスにぴったり。

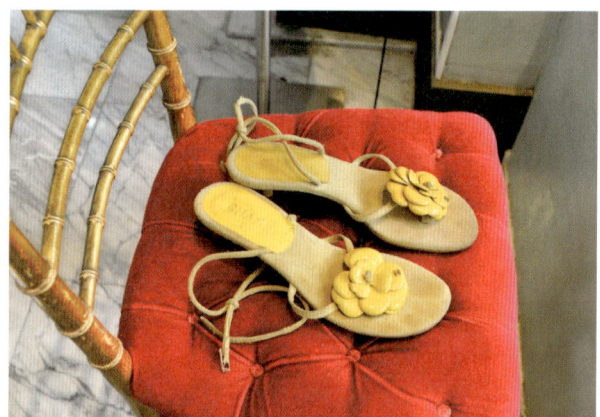

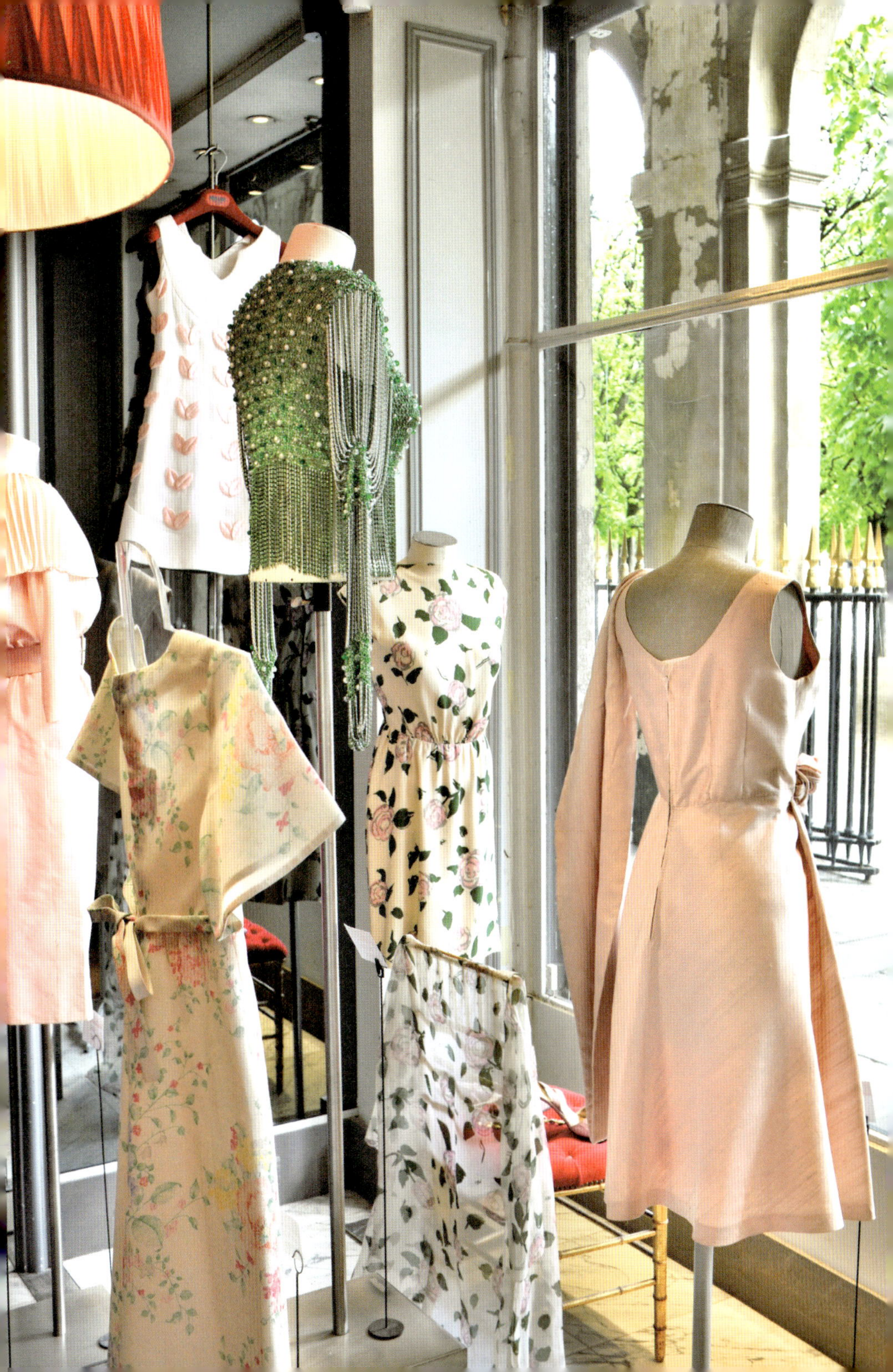

LA PETITE ROBE NOIRE

ラ・プティットゥ・ローブ・ノワール

LA PETITE ROBE NOIRE
Jardin du Palais Royal, 125,
Galerie Valois 75001 Paris
métro : Palais Royal
tél : 01 40 15 01 04
open : Mon-Sat 11:00-19:00

わたしだけの特別な一着
リトル・ブラックドレスを探して

ディディエ・リュドから見て、庭園をはさんだ向かい側の回廊にある、ラ・プティットゥ・ローブ・ノワールはディディエさんのもうひとつのブティック。フランス語で「リトル・ブラックドレス」を意味する店名のとおり、ヴィンテージとオリジナルの黒いドレスたちが並んでいます。すべての女性たちの魅力を引き出してくれるブラックドレスは、特別な洋服と考えるディディエさん。このドレスの歴史をひもとく書籍も出版しています。年2回発表されるオリジナル・ドレスは、ヴィンテージ・オートクチュールを見続けてきたディディエさんならではのデザイン。自分らしい一着を探してみませんか？

FR/JP
8, rue de la Vrillière 75001 Paris
métro : Bourse, Palais Royal
tél : 01 42 96 11 48
open : Tue-Fri 11:00-19:30, Sat 14:00-19:00
Monday by appointment
www.frjp-boutique.com

ヴィンテージとモダン・デザインをミックス・コーディネート
FR/JP
エフエール／ジーペー

パレ・ロワイヤル近くの静かな通り沿いにある、エフエール／ジーペー。店内に並ぶ1900年から80年代の洋服やアクセサリーは、日本でファッションを学んでいたころから、ヴィンテージに夢中だった、オーナーの西村のぶこさんが自ら選んだものばかり。またフレッシュなデザイナーが手がける、ヴィンテージと相性のよい小物もセレクトしています。いろいろな時代をミックスすることが好きという、のぶこさんのスタイルがあらわれたブティックは、まるでおしゃれ好きな女の子のワードローブのような空間。ヴィンテージ素材を使ったバッグなど、オリジナル・アイテムも見逃さないで。

107 RIVOLI

ソンセットゥ・リヴォリ

107 RIVOLI
107, rue de Rivoli 75001 Paris
métro : Palais Royal
tél : 01 42 60 64 95
open : Mon-Sun 10:00 -19:00
www.lesartsdecoratifs.fr

ミュージアム・ショップで出会う、ファッション・ブック

ファッションとテキスタイル、そして広告など、装飾芸術をテーマにしたミュゼ・デザール・デコラティフは、リヴォリ通り沿いのルーヴル宮殿マルサン館の中にあります。ツーリストたちはもちろん、ファッションの歴史を知ることができる展示は、デザイナーたちにも注目されています。このミュージアムの1階にあるショップが、ソンセットゥ・リヴォリ。店内は大きく4つのコーナーに分けられていて、本や展示会カタログを中心に、ファッション小物、ステーショナリーやテーブルウェアなどのデザイン雑貨もセレクト。ファッションをテーマにした、いま話題の本探しにおすすめの場所です。

ヴィンテージのめがねで、スペシャルなおしゃれを
POUR VOS BEAUX YEUX
プール・ヴォ・ボー・ズィユ

ルイ・マル監督の映画『地下鉄のザジ』にも登場した、パッサージュ・デュ・グランセール。高い天井とガラス屋根が美しい、このパッサージュ内にあるプール・ヴォ・ボー・ズィユはヴィンテージめがねの専門店。職人によるハンドメイドをはじめ、1880年代から1990年代まで幅広い年代のめがねが集まります。若いころから古いめがねをコレクションしていたオーナーのシャルルさんのお気に入りはアメリカのレイバンやイタリアのペルソール。ファッションとしてだけでなく、その人の顔とライフスタイルにあわせて選ぶ、めがねはとても個人的なもの。いろいろなデザインにトライして楽しんでみましょう。

POUR VOS BEAUX YEUX
10, Passage du Grand Cerf 75002 Paris
métro : Etienne Marcel
tél : 01 42 36 06 79
open : Mon-Sat 11:00-19:00
www.pourvosbeauxyeux.com

左上：検査を行う2階のラボには、19世紀末に作られたらせん階段で。右上：あこがれの女優やミュージシャンと同じスタイルのめがねが見つかります。中右：紫外線でレンズの色が変わるサングラスは、70年代のレイバン。左下：ティボー・ドゥ・モンの木製フレームは、職人によるハンドメイド。右下：オリジナルのケースに入った鼻めがねは、12金のダブルメッキという貴重なもの。

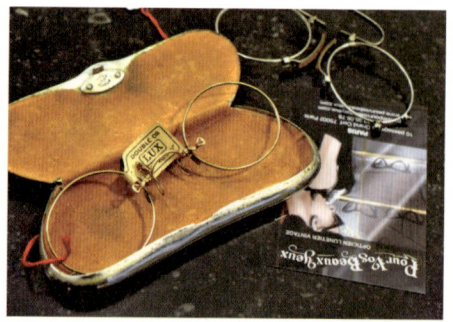

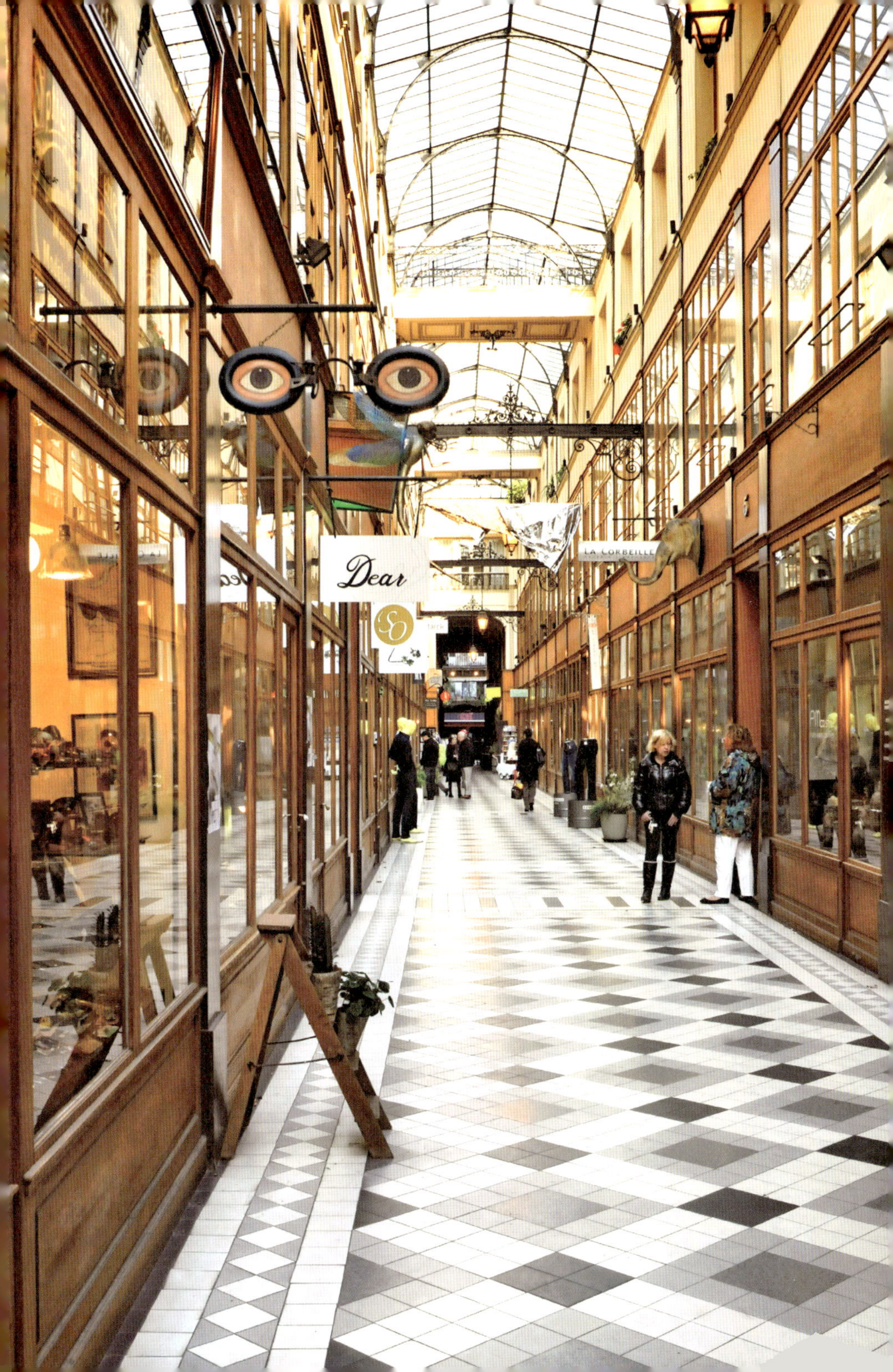
Dear
LA CORBEILLE

ROOM SERVICE
52, rue d'Argout 75002 Paris
métro : Etienne Marcel
tél : 01 77 11 27 24
open : Mon-Fri 11:00-19:30, Sat 11:00-19:30
www.roomservice.fr

旅をインスピレーションに、ボヘミアン・シックなスタイル

ROOM SERVICE
ルーム・サーヴィス

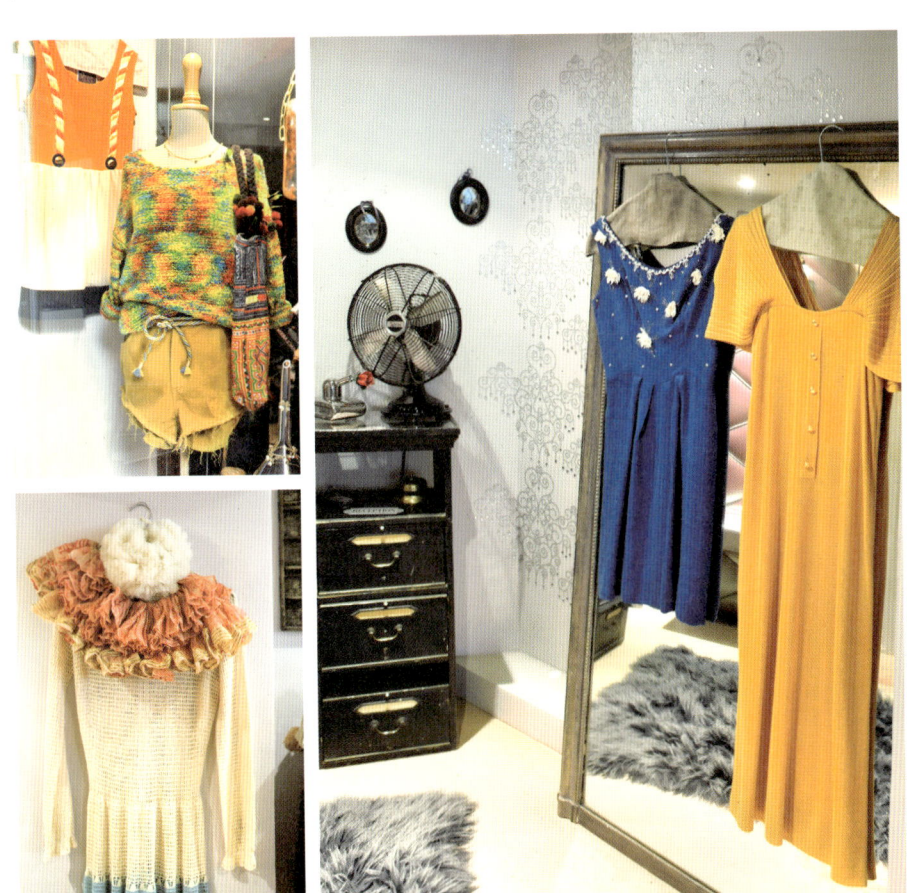

いまワードローブに取り入れたい、手入れが行き届いたヴィンテージの洋服が集まるルーム・サーヴィス。大好きな旅がいちばんのインスピレーションという、オーナーのパスカルさん。さまざまなプレタポルテのデザイナーのもとで働いたのちに、このお店をオープンしました。インテリアのリフォームも自分で手がけたブティックには、フランスはもちろん、ニューヨークやロンドン、インドやモロッコなどから集めたヴィンテージの洋服が並びます。ボヘミアンなテイストが取り入れられつつも、着やすそうなものばかり。ショップの中にあるアトリエでは、オリジナルのジュエリーも作られています。

シャンゼリゼで、ラグジュアリーなヴィンテージを

SCARLETT
スカーレット

フランスを代表するブランドのブティックに、高級ホテルや劇場が建ち並ぶ、リッチな雰囲気のモンテーニュ通り。そのすぐ近くの落ち着いた通りにあるスカーレットは、シャネルやエルメス、ルイ・ヴィトンなどのヴィンテージ・アイテムを取り扱うブティックです。このカルチエにふさわしいラグジュアリーな品揃えで、はっきりとした強い色使いのアイテムが多く見つかります。肌を美しく見せて、毎日を輝かせるピンクが好きというオーナーのスカーレットさん。さまざまな年代やデザイナーの洋服を自分の感覚でミックスすることで、ヴィンテージをモダンに着こなす楽しさを教えてくれました。

SCARLETT
10, rue Clément Marot 75008 Paris
métro : Alma-Marceau
tél : 01 56 89 03 00
open : Mon-Fri 11:00-19:00
　　　 Sat 14:00-19:00

MARAIS et HAUT MARAIS
3ᵉ et 4ᵉ

マレ＆オー・マレ
3区＆4区

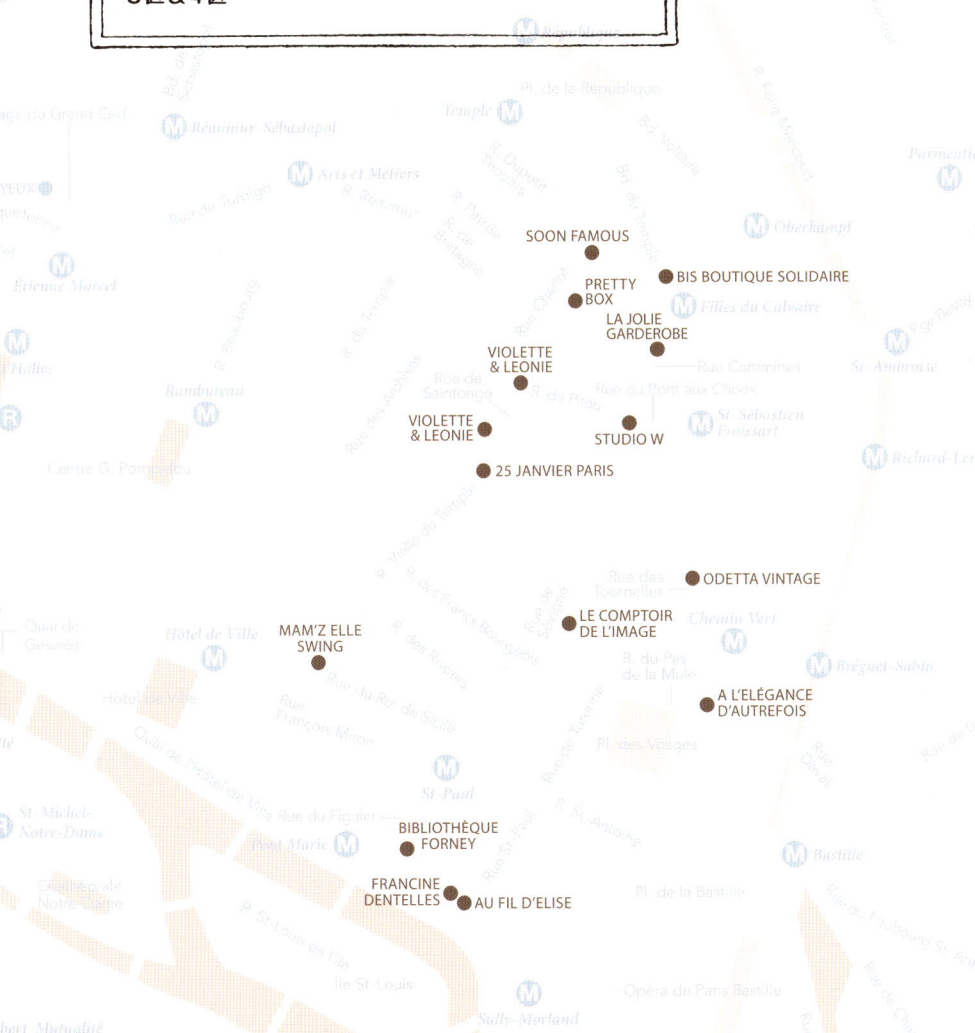

- SOON FAMOUS
- PRETTY BOX
- BIS BOUTIQUE SOLIDAIRE
- LA JOLIE GARDEROBE
- VIOLETTE & LEONIE
- VIOLETTE & LEONIE
- STUDIO W
- 25 JANVIER PARIS
- ODETTA VINTAGE
- MAM'Z ELLE SWING
- LE COMPTOIR DE L'IMAGE
- A L'ELÉGANCE D'AUTREFOIS
- BIBLIOTHÈQUE FORNEY
- FRANCINE DENTELLES
- AU FIL D'ELISE

ODETTA VINTAGE
オデッタ・ヴィンテージ

ODETTA VINTAGE
76, rue des Tournelles 75003 Paris
métro : Chemin Vert
tél : 01 48 87 08 61
open : Tue-Sat 14:00-19:30, Sun 15:00-19:00
odettavintage.com

クリーンで洗練されたヴィンテージ・デザインをセレクト

おしゃれなショップやカフェが集まる北マレ地区。ボーマルシェ大通りのすぐ後ろにある静かな通り沿いに、60年代から90年代のすばらしいデザインの洋服と家具を集めた、オデッタ・ヴィンテージがあります。オーナーは、スタイリストのヴァレリーさんとアートディレクターのシャルルさん。ふたりの知識や経験からセレクトされる洋服は、クリーンでモダンなスタイル。シンプルなデザインで、どんな洋服ともあわせやすい、オリジナルのレザー・ブーツやサンダルも並んでいます。お買い物上手で自分の欲しいものを知っている人々が集まる、このカルチエらしいシックなブティックです。

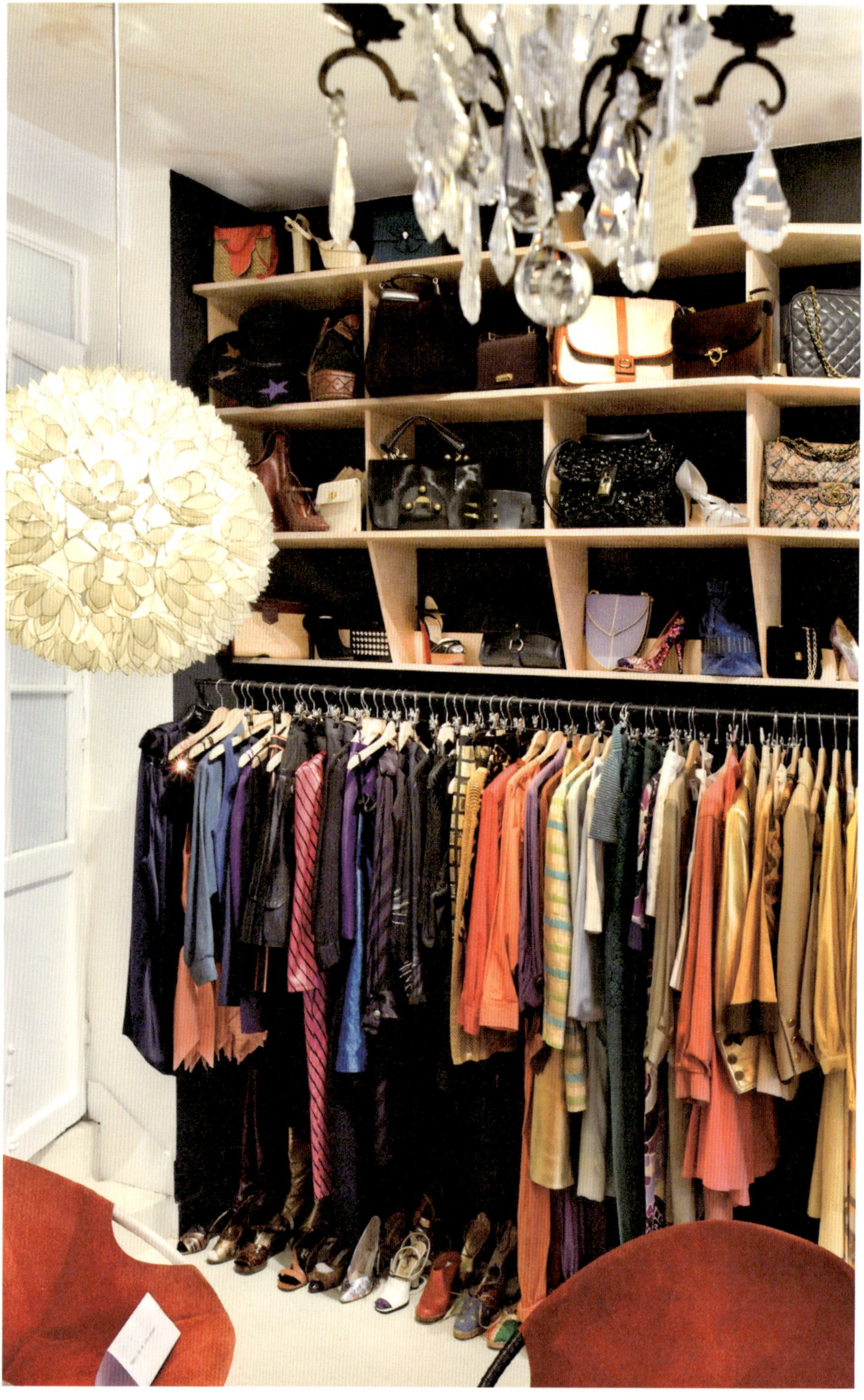

左上:美しいレースがあしらわれたロングドレスは、フランスのジェイアーのもの。左中:70年代エルメスのバッグ「コンスタンス」。右上:プリントがキュートなイギリスのアーデムのシルクワンピース。左下:ヴィンテージはすべて一点もの。次々と新しいアイテムが入ってくるので、毎日ディスプレイを変えているそう。右下:60年代シャネルのメタルの編み込みブレスレット。

25 JANVIER PARIS

ヴァンサンク・ジャンヴィエ・パリ

25 JANVIER PARIS
97, rue Vieille du Temple 75003 Paris
métro : St Sébastien-Froissart
tél : 01 42 71 13 41
open : Tue-Sat 11:00-13:00, 14:00-19:00
www.25janvier.co.jp

トルソーのコーディネートも素敵
シックでフェミニンなおしゃれを楽しんで

マレ地区の中心を通る、にぎやかなヴィエイユ・デュ・タンプル通り沿いにあるヴァンサンク・ジャンヴィエ・パリ。ドアをあけると、店内にはラグジュアリーなヴィンテージ・アイテムが美しくディスプレイされた、フェミニンな世界が広がります。特にシャネルのバッグやジュエリーは、すばらしい品揃え。幼いころから刺しゅうや編み物をはじめ、デザインとものづくりに興味のあったオーナーのユキコさん。オリジナルのブランドを立ち上げ、ヴィンテージからインスパイアされたコレクションを発表しています。お客さまに似合うアイテムを提案してくれるというのも、うれしい心遣い。

VIOLETTE & LEONIE

ヴィオレット&レオニー

VIOLETTE & LEONIE
27, rue de Poitou et 1, rue de Saintonge 75003 Paris
métro : Filles du Calvaire, St Sébastien-Froissart
tél : 01 44 59 87 35
open : Mon 13:00-19:30, Tue-Sat 11:00-19:30
www.violetteleonie.com

トレンドのブランドやおしゃれを
気軽に取り入れられる委託販売のブティック

パリでは近年、フランス語で「デポ・ヴァント」と呼ばれる、委託販売のお店が多く見られるようになってきました。ポワトゥ通りとサントンジュ通りに店舗がある、ヴィオレット＆レオニーもそのひとつ。ポワトゥ通り店で、月曜から土曜まで委託を受け付けているので、次々と新しいアイテムが入荷されます。セレクトのポイントは、トレンドにあっていること。古いものだと50年代、そしてイザベル・マランやマーク・ジェイコブスなど、ごく最近のコレクションまで並びます。委託から2か月のあいだ販売され、もし売れなかった場合は引き取り、またはお店をとおして慈善団体への寄付もできます。

AU FIL D'ELISE
2, rue de L'Avé Maria 75004 Paris
métro : Saint-Paul, Sully Morland, Pont Marie
tél : 01 48 04 75 61/ 06 12 14 39 11
open : Mon-Sat 13:00-19:00, Sun 14:00-19:00
www.aufildelise.com

レースや刺しゅうを取り入れた、フェミニンなファッション
AU FIL D'ELISE
オ・フィル・デリーズ

アンティーク屋さんが集まるヴィラージュ・サンポールからもほど近いオ・フィル・デリーズは、1870年代からのアンティーク・リネンやレース、洋服が集まるブティック。子どものころからのヴィンテージ好きというオーナーのエリーズさん。状態がよく、いまのファッションにあうものを自らセレクトしています。エレガントでフェミニンな雰囲気の1900年代、そして刺しゅうやレースをふんだんに取り入れたランジェリーが特にお気に入り。古いものを愛でるだけでなく、女性たちをより美しく輝かせるアイテムを現代に生まれ変わらせたい、そんなエリーズさんの愛情が店内をやさしく包んでいます。

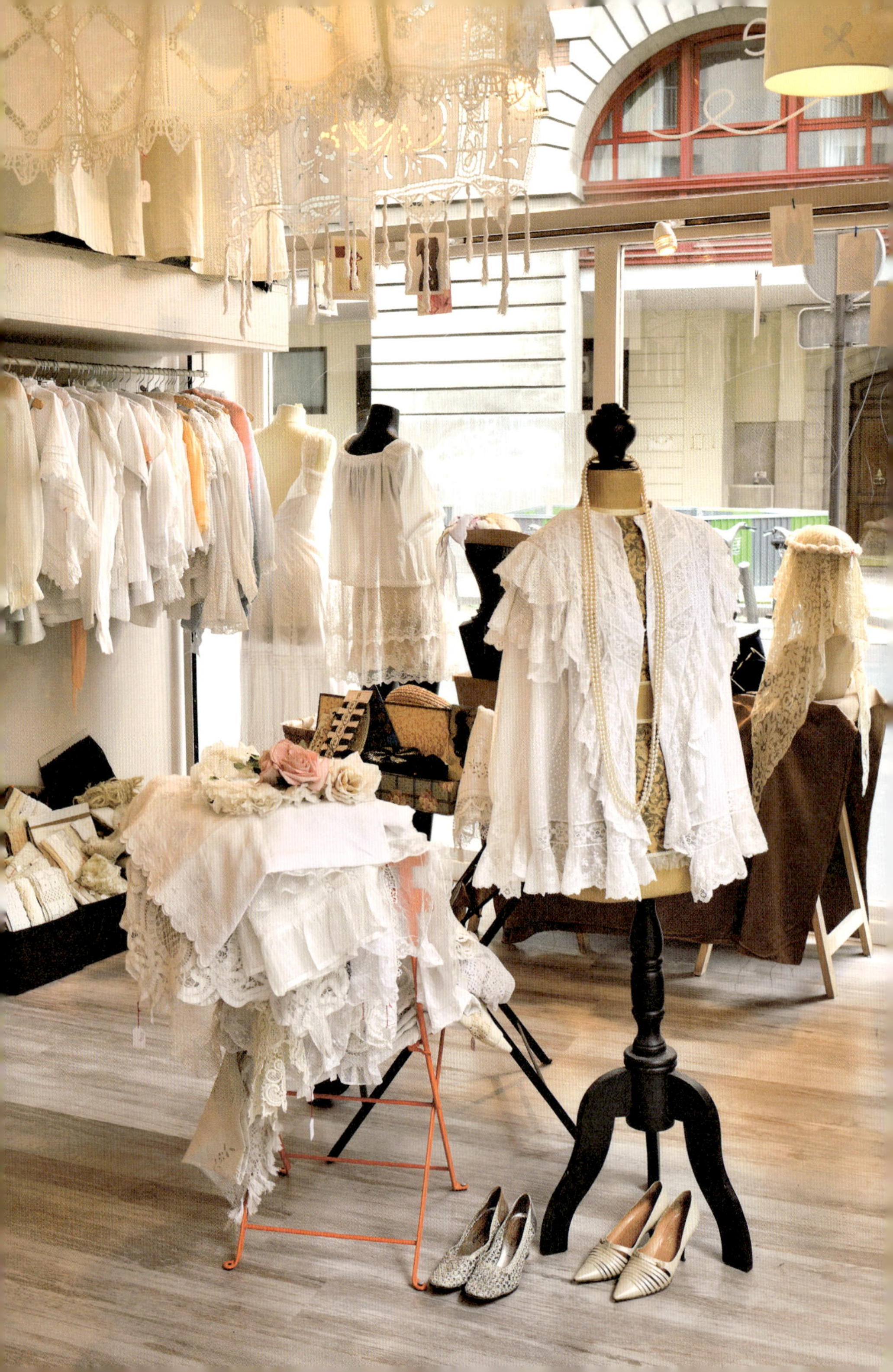

左上：左は1910年代のコットンレースのドレス、右は1900年代のウェディングドレス。右上：1900年代のシルクの刺しゅうストールをベールにして。中右：30～50年代に室内着として親しまれていたレース付きガウン。左下：刺しゅうがほどこされたハンカチとナプキンもたくさん。右下：エリーズさんがアンティークのシルクやレースを使って、リメイクしたオリジナルのキャミソール。

FRANCINE DENTELLES

フランシーヌ・ダンテル

FRANCINE DENTELLES
2, rue de l'Avé Maria 75004 Paris
métro : Saint-Paul, Sully Morland
tél : 01 40 10 93 36 / 06 07 41 99 01
open : Tue, Wed & Fri 14:00-19:00
www.francine-dentelles.com

フランスの伝統を感じる、アンティーク・レースと刺しゅう

アンティーク・レースの世界でも、すばらしいコレクションが揃う場所として有名なフランシーヌ・ダンテル。クリニャンクールののみの市の中に2か所、そして前出のオ・フィル・デリーズのお隣と、全部で3店舗があります。このマレ地区のブティックは、昔ながらのパリのヴィンテージ屋さんの雰囲気。天井から床までレースや刺しゅうがほどこされたテキスタイルが、たっぷりとディスプレイされています。以前はデザイナーとして活躍していたフランシーヌさんがセレクトした、まるでアート作品のように繊細なドレスをはじめ、気軽に手に取れる計り売りのハンドメイド・レースもあります。

BIBLIOTHÈQUE FORNEY

ビブリオテック・フォルネイ

BIBLIOTHÈQUE FORNEY
1, rue du Figuier 75004 Paris
métro : Pont Marie
tél : 01 42 78 14 60
open : Tue, Fri & Sat 13:00-19:30
　　　 Wed & Thu 10:00-19:30

ファッションの歴史と、インスピレーションの宝庫

ヴィンテージ・ファッションにふれるうちに、ファッションの歴史をもっと知りたくなって……そんなときに、おすすめの場所がビブリオテック・フォルネイです。フィギュイエ通りに面したサンス館は、まるで中世のお城のよう。ゴシック後期からルネッサンス初期の装飾がほどこされた建物もすばらしい、アートと産業技術を専門にした図書館です。さまざまな国の雑誌も閲覧できるほか、オートクチュールのデザイン画、テキスタイルのパターン、ジュエリーのデザイン・スケッチ、広告やカタログのアーカイヴなど、インスピレーションあふれる貴重な資料にふれることができます。

A L'ELÉGANCE D'AUTREFOIS
5, rue du pas de la Mule 75004 Paris
métro : Chemin Vert, Saint-Paul
tél : 01 48 87 78 84
open : Tue-Sun 15:00-20:00

クラシカルな靴やバッグが、ぎゅっと集まる宝箱
A L'ELÉGANCE D'AUTREFOIS
ア・レレガンス・ドートルフォワ

ヴォージュ広場近くにあるア・レレガンス・ドートルフォワは、靴やバッグ、手袋やアクセサリーなどが、ぎゅっと集められたヴィンテージの宝箱のような空間。オーナーのクローディオさんはイタリア出身で、もともと通訳をしていたのだそう。旅行好きの奥様と一緒に、ヴィンテージのコレクションをスタートさせたのが、このお店のはじまりです。デザインや素材、テクニックから、年代を的確に判断するクローディオさん。2フロアある店内では、すべての小物が年代別にディスプレイされていて、左側に置かれた20年代からスタートして、60年代までのアイテムがずらりと並んでいます。

LA JOLIE GARDEROBE

ラ・ジョリ・ギャルドローブ

LA JOLIE GARDEROBE
15, rue des Commines 75003 Paris
métro : Filles du Calvaire
tél : 01 42 72 13 90
open : Tue-Sat 13:00-19:30

シックでパリらしい、美しいワードローブの世界へ

マリーさんが2006年にオープンさせた、ラ・ジョリ・ギャルドローブは、パリコレをはじめ、さまざまな展示会会場として使用されるエスパス・コミーヌの近く。マレ地区の中にあって、落ち着いた雰囲気のこのエリアをすぐに気に入ったというマリーさん。店内のリフォームはすべて自分で手がけ、軽やかで明るいインテリアに仕上げました。30年代のイヴ・サンローランや60年代のクレージュをはじめ、たっぷりとした白いコートは演劇用のコスチュームだったりと、デザイン性にこだわったバリエーション豊かなアイテムが揃います。パリらしいシックなおしゃれが楽しめるお店です。

MAM'ZELLE SWING
35 bis, rue du Roi de Sicile 75004 Paris
métro : Hôtel de Ville
tél : 01 48 87 04 06
open : Mon-Sat 14:00-17:00
www.mamzelleswing.fr

キュートなフィフティーズ・スタイルで、個性的に
MAM'ZELLE SWING
マムゼル・スウィング

フューシャピンクのファサードが通りでも目を引く、マムゼル・スウィング。「このお店は私の世界そのままなの」というロカビリー・スタイルのベレニスさんは、50年代を中心に、40年代から80年代までのアイテムをセレクトしています。15歳のころから50年代ファッションに夢中になり、のみの市に行きはじめたベレニスさん。いまでも、そのころの情熱が忘れられずに、仕事とは別にのみの市に通っています。50年代に流行したチュールのアンダースカートが、80年代にはスカートとして取り入れられていたように、時代に連れて着こなしが変わるのも、ファッションの楽しさだと教えてくれました。

さまざまなカルチャーをミックスしたコンセプトストア
SOON FAMOUS
スーン・フェイマス

北マレ地区にあるスーン・フェイマスは、マレらしいボヘミアンなコンセプトストア。ヴィンテージのアイテムは、40年代から80年代までのセリーヌやランバンなどクリエイティヴさを大切にセレクトをしています。プリントが楽しいスカートに、カスタマイズしたショートデニムやTシャツなど、オーナーのエルザさんとセリーヌさんが手がけるオリジナル・ラインも。このお店を人々を引きつける空間にしたいというふたり。ファッションだけでなく、アートや音楽、パフォーマンス、そして子どものためのワークショップなど、さまざまなイベントにも取り組んでいます。

SOON FAMOUS
75, rue Charlot 75003 Paris
métro : Filles du Calvaire
open : Mon-Sun 12:00-21:00
www.soon-famous.com

LE COMPTOIR DE L'IMAGE
44, rue de Sévigné 75003 Paris
métro : Saint-Paul
tél : 01 42 72 03 92
open : Mon-Sat 11:00-19:00

時代を映し出す、写真集やファッション誌の宝の山
LE COMPTOIR DE L'IMAGE
ル・コントワール・ドゥ・リマージュ

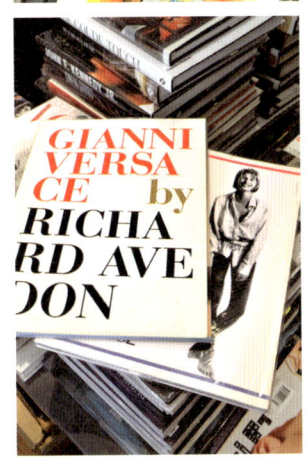

カルヴァナレ博物館のすぐ目の前にあるル・コントワール・ドゥ・リマージュは、コレクターやデザイナーたちにも有名な写真集専門の古本屋さんです。いまでは手に入らなくなってしまった写真集や、古いファッション誌のバックナンバーなど、すばらしいコレクションが取り揃えられています。オーナーのミシェルさん自身も以前はモードのフォトグラファーで、リチャード・アヴェドンのアシスタントをしていたこともあるのだそう。山のように積まれている本たちを、ミシェルさんはよく把握していて、興味のある写真や内容の情報を伝えると、すぐにおすすめの本を探し出してくれます。

ユニークなアイテムで、リッチ＆セクシーなスタイルに

STUDIO W
ステュディオ・ドゥブルヴェ

サン＝セバスチャン・フロワサール駅からほど近い場所にあるステュディオ・ドゥブルヴェ。デザインとパターンというファッションの基礎を学んだ、オーナーのウィリアムさんの美へのこだわりがあらわれたコレクションが並んでいます。リッチでセクシーなスタイルに特にひかれるというウィリアムさんは、70年代から90年代のイヴ・サンローランやゴルチエ、アライアをはじめ、90年代のベルギー・デザイナーの洋服を多くセレクトしています。もちろん靴やバッグも、女性らしさを表現できるデザインのものを。演劇で使われたコスチューム用のジュエリーなどもあって、ユニークな品揃えです。

STUDIO W
21, rue du Pont aux Choux 75003 Paris
métro : St-Sébastien-Froissart
tél : 01 44 78 05 02
open : Tue-Sat 14:00 -19:30

ディテールを大切に、オリジナルなファッションを
PRETTY BOX
プリティー・ボックス

70年代のギターや昔なつかしいスタイルの電話機、アメリカの消防署のヘルメットなど、ディスプレイされたオブジェも楽しいプリティー・ボックス。オーナーは、オペラ座のコスチュームやプレタポルテのコレクションのための仕事をしていたサラさんと、高級ブランドのオーダーメイド職人をしていたニコラさん。ファッションのトレンドを見つめてきたふたりが、フランスやベルギー、イギリスなどをめぐって探し求めてきた50年代から80年代のヴィンテージが店内に並んでいます。個性的なファッションを楽しむマレ地区らしい、オリジナルなデザインのアイテムと出会えるブティックです。

PRETTY BOX
46, rue de Saintonge 75003 Paris
métro : Filles du Calvaire
tél : 01 48 04 81 71
open : Tue-Sat 10:00 -19:00
www.prettybox.fr

チャリティー・ブティックで、洋服と人に第二の人生を
BIS BOUTIQUE SOLIDAIRE
ビス・ブティック・ソリデール

BIS BOUTIQUE SOLIDAIRE
7, Boulevard du Temple 75003 Paris
métro : Filles du Calvaire
tél : 01 44 78 11 08
open : Tue-Sat 10:00 -19:00
www.bisboutiquesolidaire.fr

ビス・ブティック・ソリデールは、若き経営コンサルタントのレミ・アントニウッチさんが創立した新しいスタイルのチャリティー・ブティック。再就職先を求めている人たち、そしてワードローブで眠っていた洋服たちに、第二の人生を与えるきっかけを生み出しています。さまざまな組織に寄付される洋服は、毎年130トンもの量になるというパリ。ビス・ブティック・ソリデールでは19区にあるアトリエで、カトリック系組織スクー・カトリックに寄付された洋服から、人気のデザインの品だけをセレクト。手に取りやすい価格でショッピングを楽しみながら、チャリティーにも参加できるお店です。

SAINT GERMAIN DES PRÉS
6ᵉ

サン=ジェルマン・デ・プレ
6区

● TIANY CHAMBARD

● LES 3 MARCHES DE CATHERINE B

● ADRENALINE

LES 3 MARCHES DE CATHERINE B
1 & 3, rue Guisarde 75006 Paris
métro : Mabillon
tél : 01 43 54 74 18 / 01 43 25 64 92
open : Mon-Sat 10:30-19:30
www.catherine-b.com

デザインのクオリティを大切にした、セレクション
LES TROIS MARCHES DE CATHERINE B
レ・トロワ・マルシュ・ドゥ・カトリーヌ・ベー

ギザルド通りは、車もあまり入ってこない、静かな場所。隣りあった建物にふたつの店舗を構えるレ・トロワ・マルシュ・ドゥ・カトリーヌ・ベーの前には、コーヒーテーブルとイスが置かれていて、リラックスした雰囲気が感じられます。オーナーのカトリーヌさんは、フランスの小さな街に暮らしたあと、子どものころを過ごしたサン＝ジェルマン・デ・プレに戻ってきて、自分の好きなものを集めたお店をオープン。エルメスとシャネル、特にカール・ラガーフェルドがデザイナーになった初期のコレクションがお気に入り。スーツケースや靴、シャネルの象徴でもあるツイード・スーツなどが揃います。

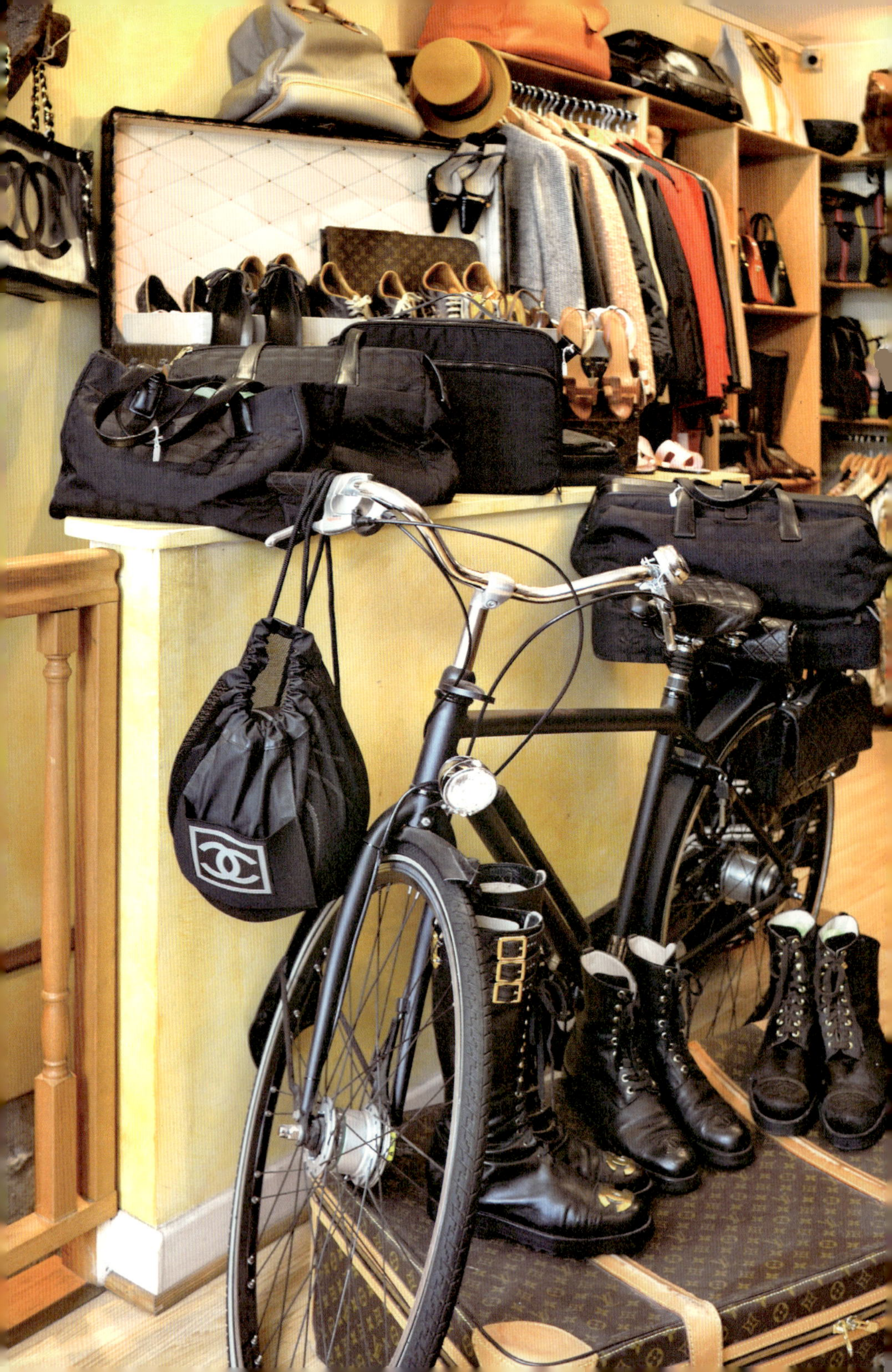

左上：ピンクが愛らしいシャネルのツイード・スーツ。**左中**：シャネル・スーツのボタンのレリーフには、ロゴだけでなく、ライオンやクローバーなど、さまざまなモチーフとストーリーがあります。**右上**：もともと数が少ないという、めずらしいアイテムの取り扱いも。**左下**：2008年春夏コレクションとして発表されたシャネルの自転車。**右下**：個性的なデザインの靴は人気アイテムのひとつ。

ADRENALINE
30, rue Racine 75006 Paris
métro : Odéon
tél : 01 44 27 09 05
open : Mon-Sat 11:00-19:00
www.adrenaline-vintage.com

バッグ好きのオーナーがセレクトする、素敵なコレクション
ADRENALINE
アドレナリン

リュクサンブール公園やソルボンヌ大学にもほど近い、落ち着いたエリアにあるアドレナリン。パリらしいブルーグレーのファサードは、すぐ近くにあるオデオン座のために決められたルールで、昔からの色が守られています。その分、店内のデコレーションに力をいれて、自分らしいブティックづくりをしたというオーナーのソフィーさん。シンプルで機能的なインテリアの店内に、ラグジュアリーな洋服や小物が美しくディスプレイされています。ソフィーさんは、子どものころからバッグが大好き。ルイ・ヴィトンの旅行用ケースや、エルメスのバーキンやケリー、シャネルのマトラッセなどが揃います。

コスチュームジュエリーの物語が詰まった、小さな宝石箱
TIANY CHAMBARD
ティアニー・シャンバール

TIANY CHAMBARD
32, rue Jacob 75006 Paris
métro : Saint-Germain-des-Prés
tél : 01 43 29 73 15
open : Mon-Sat 14:00 -20:00

シックな黒いファサードのティアニー・シャンバールは、小さな宝石箱のようなお店。ショーウィンドウに並べられた、たくさんのデザイン・ジュエリーたちに店内へと誘われるようです。ショップ名は、現在のオーナー、ジャン＝ピエールさんのお母さんの名前。ティアニーさんはボザールを卒業後、そのアート性にひかれてアメリカのコスチュームジュエリーとアールデコ・デザインを取り扱いはじめました。お客さまから「このジュエリーには、どんな物語があるのかしら？」とたずねられることは、ヴィンテージを取り扱うジャン＝ピエールさんのよろこびになっています。

BELLE DE JOUR

KILLYGRIND

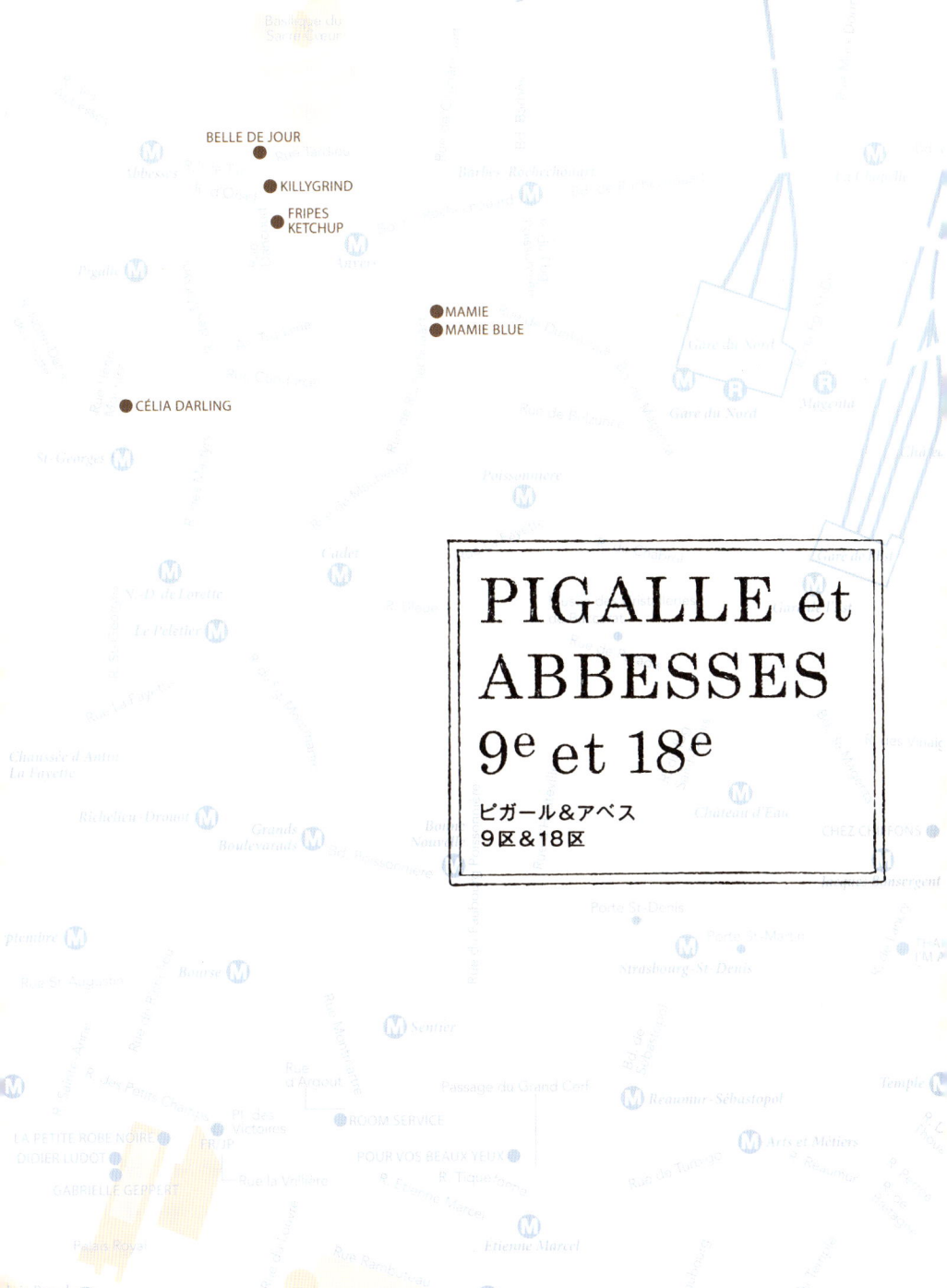

FRIPES
KETCHUP

MAMIE
MAMIE BLUE

CÉLIA DARLING

PIGALLE et ABBESSES
9e et 18e

ピガール&アベス
9区&18区

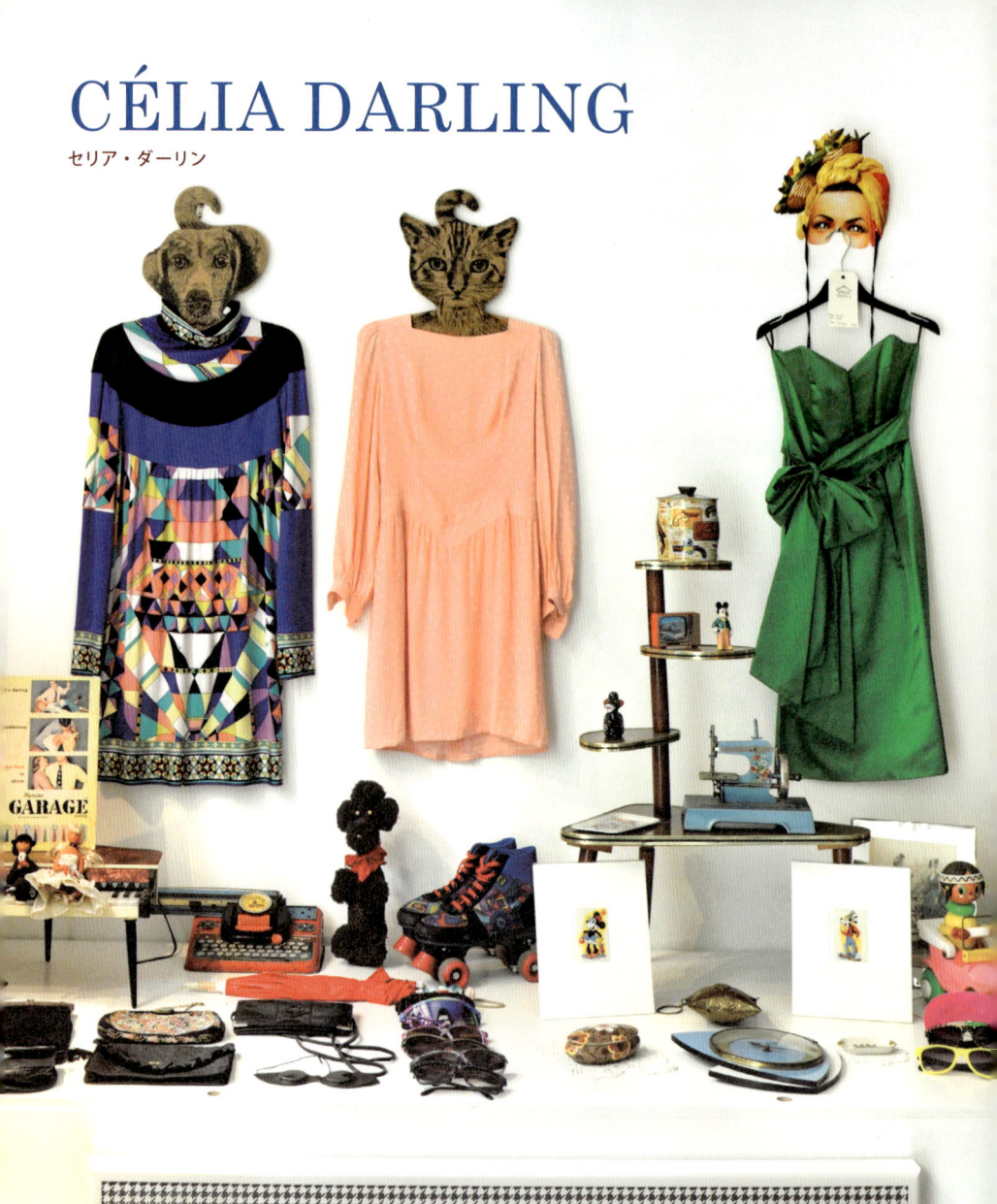

CÉLIA DARLING
セリア・ダーリン

CÉLIA DARLING
5, rue Henri Monnier 75009 Paris
métro : Pigalle
tél : 01 56 92 19 12
open : Mon-Sat 12:30-20:00

ヴィンテージの洋服や雑貨をミックスしてディスプレイもポエティックに

アンリ・モニエ通りの坂道の途中、ギュスターヴ・トゥドゥーズ広場に面した場所にあるセリア・ダーリンは、ユニークなセレクトが楽しいヴィンテージ・ブティック。住まいもモンマルトルだというオーナーのセリアさんは、カルチエのことに詳しく、どんなお客さまが多いかもよく分かっています。50年代から80年代の洋服やアクセサリーはもちろん、50年代のおもちゃやランプなどのかわいいインテリア雑貨も。ファッションを学んだことがないというセリアさんですが、歴史の知識と、音楽がインスピレーションソース。ヴィンテージの品をカスタマイズしたオリジナル・アイテムも人気です。

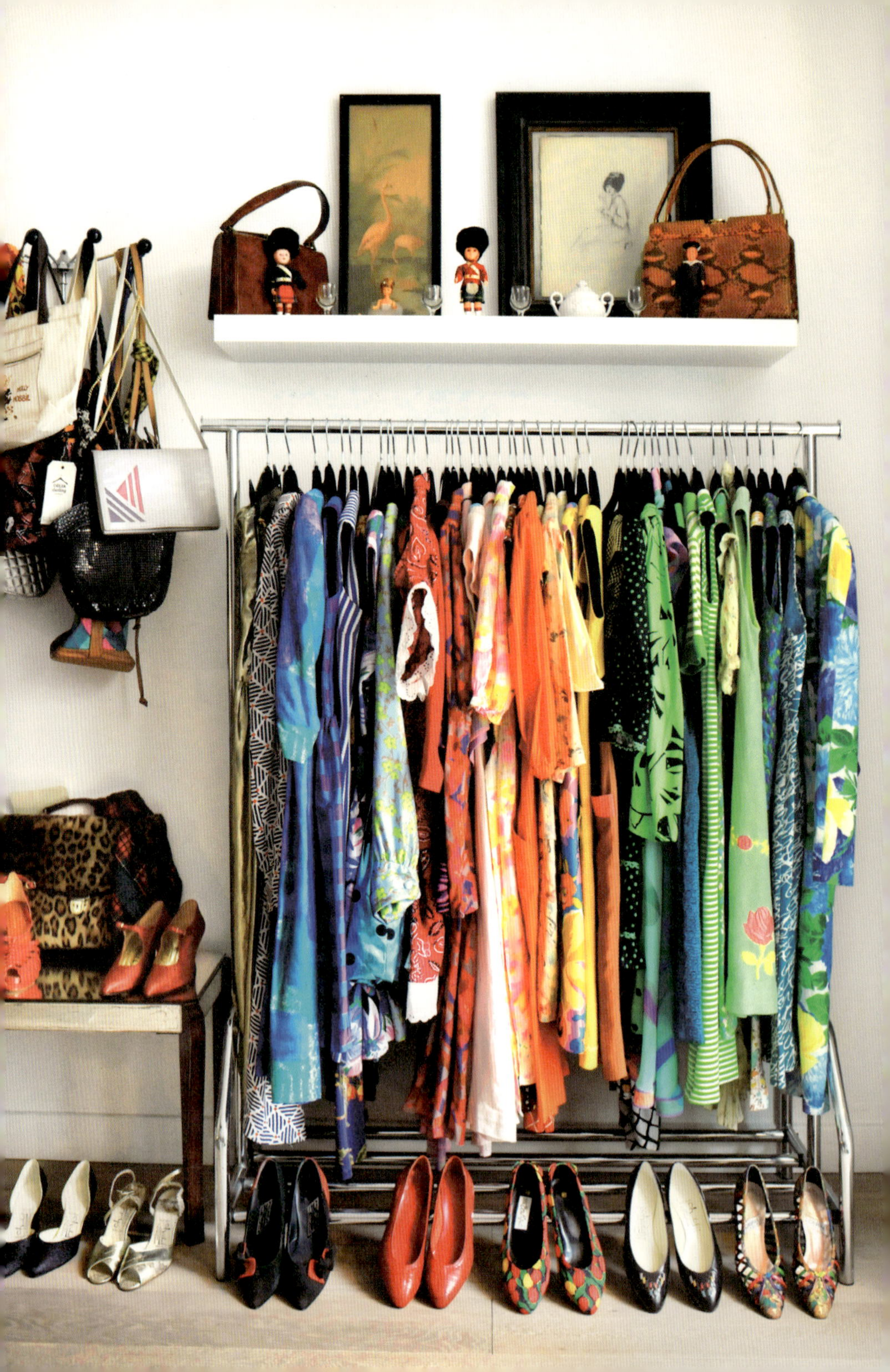

左上：フランスで「ビビ」と呼ばれる、頭の上にちょこんと乗せるタイプの帽子。リスボンで見つけたものをカスタマイズしました。左中：セリアさんのおばあさんから受け継いだ、70年代のドレス。右上：雑貨をディスプレイして、フィッティング・ルームも楽しく。左下：店内中央に置かれた50年代のラジオは、いまでも現役。右下：ショーウィンドウには、フランスの田舎で見つけた犬のぬいぐるみ。

まるで50年代、ファッションをエンターテインメントに
MAMIE BLUE
マミー・ブルー

オーバーサイズのジャケットに重めのシューズ、帽子をかぶって、腕にはアンブレラを……ジャズ音楽に影響を受け、第二次世界大戦中のフランスで生まれたファッション、ザズー。マミー・ブルーのオーナーのブリジットさんは、いつもザズー・スタイルをおしゃれに着こなしています。この時代の音楽が好きで、イベントをオーガナイズしていたブリジットさん。ヴィンテージを着ることはノスタルジーにひたることではないし、お客さんの層が若くなるにつれて、当時のファッションへの解釈が変わっていく楽しさもあります。50年代の洋服にあわせた、ヘアーセットとメイクもアドバイスしてくれるそう！

MAMIE BLUE
69, rue de Rochechouart 75009 Paris
métro : Anvers
tél : 01 42 81 10 42
open : Mon 14:30-19:30, Tue-Sat 11:30-19:30
www.mamie-vintage.com

MAMIE
73, rue Rochechouart 75009 Paris
métro : Abbesses
tél : 01 42 82 09 98
open : Tue-Fri 11:00-13:30, 15:00-20:00,
Mon & Sat 15:00-20:00
www.mamie-vintage.com

ジャズとスウィングの時代から抜け出してきたよう
MAMIE
マミー

キャンディーショップのように愛らしい外観のマミーは、前出のマミー・ブルーの数店舗先にある姉妹店です。オーナーのヤニックさんは以前「ギャンゲット」と呼ばれる、庭園で食事をしたりダンスをしたりできる屋外型のダンスホール・レストランで、イベントを開催していました。ヤニックさんにとって、音楽とファッションは切っても切り離せないもの。音楽やカルチャーと密接に関係していたザズー・スタイルの歴史と精神について、詳しく教えてくれました。3階建ての店内には、メンズ&レディースはもちろん、子ども服まで。スタイルのあるおしゃれを楽しめるブティックです。

KILLYGRIND
47 bis, rue d'Orsel 75018 Paris
métro : Abbesses, Anvers
open : Tue-Fri 13:00-19:30
Sat 13:00-19:30
www.killygrind.fr

モンマルトル生まれのガーリー・レトロ・スタイル
KILLYGRIND
キリーグラインド

丘の上で白く輝くサクレ・クール寺院のふもとにある、キリーグラインドは通りでもよく目立つペパーミント・グリーン色の外観のブティック。レトロでキュート、個性的なスタイルを発表しているデザイナーのイングリッドさん。フランスはもちろん、アメリカやスペインののみの市で出会った、彼女のインスピレーションソースになっている50年代から80年代のヴィンテージ・アイテムも店内に並んでいます。ヴィンテージ品をカスタマイズするアトリエもすぐ近くにあるので、すべてが「メイド・イン・モンマルトル」。犬のブービーくんが待つブティックで、ガーリー・レトロを楽しみましょう。

ヴィンテージのコンセプトストアで掘り出し物と出会うよろこびを
FRIPES KETCHUP
フリップス・ケチャップ

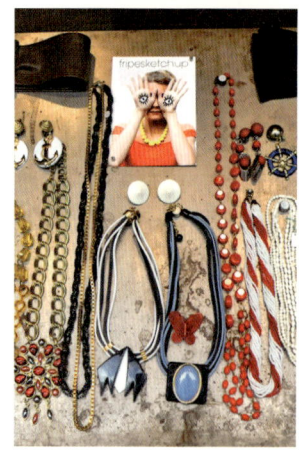

のみの市やチャリティーショップで掘り出し物探しをするのが大好きだったという、フリップス・ケチャップのオーナーのポーリーヌさん。あるとき、のみの市の店員さんから「そんなにヴィンテージが好きなのに、どうしてお店を持たないの?」とたずねられて、本当に自分がやりたいことに気がつきました。多くのヴィンテージ屋さんでは洋服を仕入れるときにキロ単位でまとめ買いをします。しかしポーリーヌさんは、自分の目で選ぶよろこびを大切にしているので、一点一点の洋服や小物を慎重にセレクト。壁面のフックに並べられた、全身コーディネートも、毎日のおしゃれの参考になりそう。

FRIPES KETCHUP
8, rue Dancourt 75018 Paris
métro : Abbesses, Anvers
tél : 01 42 51 96 33
open : Sun-Fri 14:00-20:00
　　　　 Sat 11:00-13:00, 14:00-20:00
www.fripesketchup.com

クリスタルの輝きとパフュームの香りで、ベル・エポックの時代へ

BELLE DE JOUR
ベル・ドゥ・ジュール

BELLE DE JOUR
7, rue Tardieu 75018 Paris
métro : Abbesses, Anvers
tél : 01 46 06 15 28
open : Tue-Fri 10:30 -13:00, 14:00 -19:00
　　　　Sat 10:30 -13:00, 14:00 -18:00
www.belle-de-jour.fr

フランスの美しい香水ボトルのすばらしいコレクションが揃う、ベル・ドゥ・ジュール。サクレ・クール寺院などの観光地も近く、にぎやかなモンマルトルにありながら、このブティックの中に一歩入れば、ゆったりと落ち着いた時間が流れています。繊細なデコレーションがほどこされたガラスの香水ボトルやアトマイザー、パウダー入れなどのメイク道具を眺めていると、ベル・エポックの時代の女性たちの美意識や、美しくあるためのセレモニーの様子をかいま見るよう。お気に入りのボトルとともに、あなたの暮らしに古きよきパリの女性たちのエレガンスを取り入れてみませんか？

CANAL SAINT-MARTIN 10ᵉ

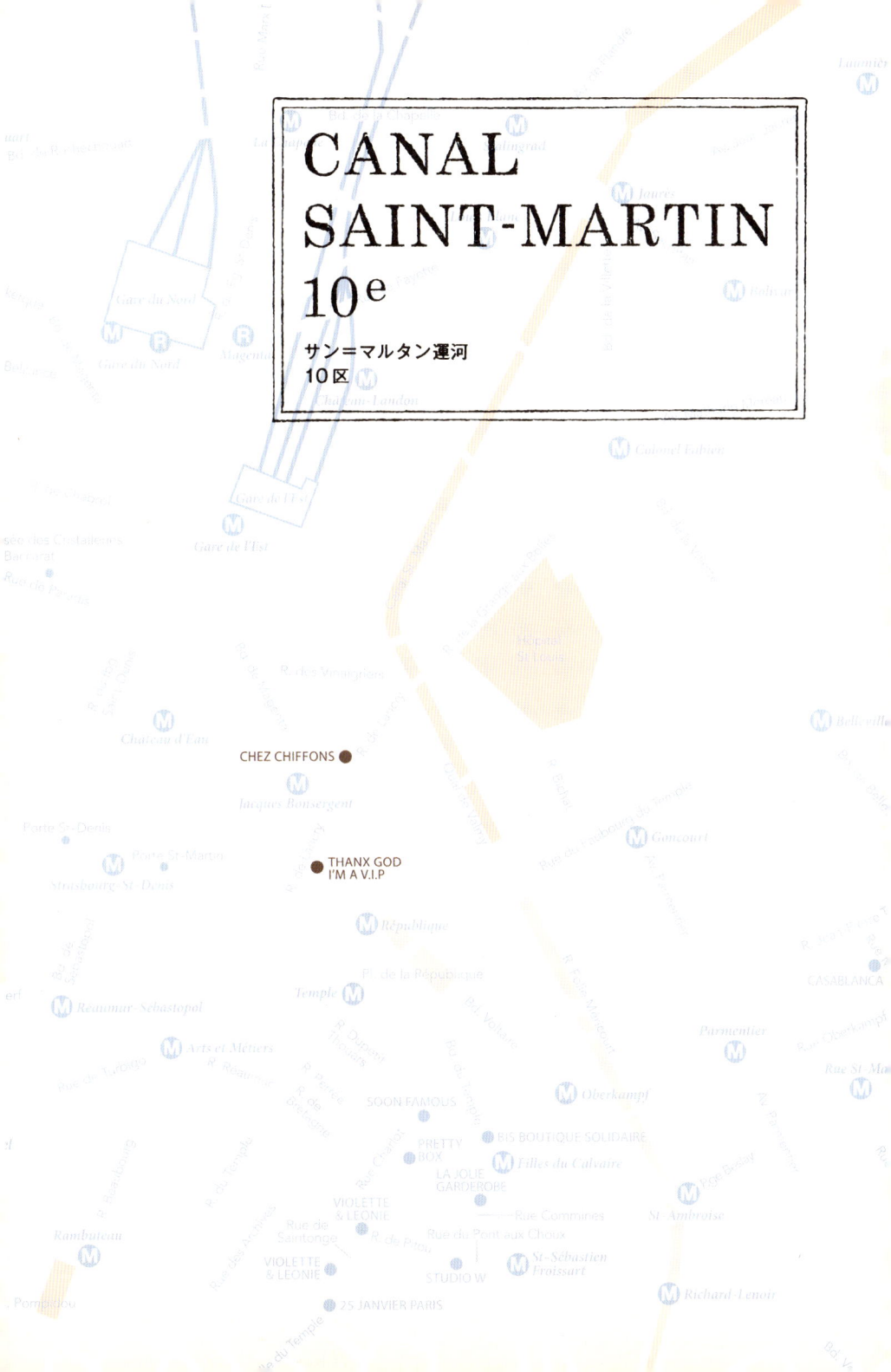

サン＝マルタン運河
10区

CHEZ CHIFFONS

THANX GOD
I'M A V.I.P

SOON FAMOUS

PRETTY BOX

EIS BOUTIQUE SOLIDAIRE

Filles du Calvaire

LA JOLIE GARDEROBE

VIOLETTE & LÉONIE

VIOLETTE & LÉONIE

STUDIO W

25 JANVIER PARIS

CHEZ CHIFFONS
47, rue de Lancry 75010 Paris
métro : Jacques Bonsergent, République
tél : 06 64 26 11 98
open : Tue-Fri 11:00-19:00, Sat 15:00-19:00
   Monday by appointment
www.chezchiffons.fr

ヴィンテージでもっと身近に、エレガントなおしゃれを
CHEZ CHIFFONS
シェ・シフォン

サン＝マルタン運河から歩いて2分ほどの距離にあるシェ・シフォンは、エレガントなヴィンテージのアイテムを、いまの女性にあうスタイルに提案しているブティック。お母さんがドレスの仕立て屋さんだったので、ファッションやお裁縫がいつも身近にあったという、オーナーのドリスさん。映画のコスチュームデザイナーやスタイリストとして活躍していましたが、もっとさまざまな女性に素敵な洋服を楽しんでもらいたいと、このブティックをオープンしました。フェミニンさを表現するスタイリングが上手なドリスさんが、コーディネートの提案をはじめ、洋服選びをサポートしてくれます。

左上:ドリスさんがそのゴージャスさにひとめぼれした、80年代イヴ・サンローランのシルク・スカート。左中:お店へ出す前にていねいにケアして、完全なコンディションに。右上:1956年に、ロンドンでハンドメイドされたバラ柄のドレス。中中:明るいカラーリングの洋服を集めたラック。右下:ミッシェル・ペリーのエレガントな靴は「ヴォーグ・パリ」のクローゼットからやってきたもの。

47

CHEZ CHIFFONS

THANX GOD I'M A V.I.P

サンクス・ゴッド・アイム・ア・ヴィップ

THANX GOD I'M A V.I.P
12, rue de Lancry 75010 Paris
métro : Jacques Bonsergent
République
tél : 01 42 03 02 09
open: Tue-Sun 14:00-20:00
thanxgod.com

タイムレスなデザインをセレクト、
毎日着たいヴィンテージ

もともと音楽業界で話題になっていた、シルヴィさんたちカップル。1994年に最初のヴィンテージ・ショップを立ち上げるとともに、同じ名前のパーティ・イベントを開催しました。パリの有名クラブで行われたパーティは、たくさんの人々の注目を集める人気イベントに成長。その後、2008年にモンマルトルでヴィンテージ・クチュール・ショップとしてリニューアルしました。バーバリーのトレンチコートなど、デッドストックで状態のよい品がたくさん。ほかのお店にはないアイテムを作りたいという思いから、アフリカのテキスタイルで作ったパンツなど、オリジナルのコレクションもあります。

左上:ミリタリー・キャップに、シルクのスカーフをあわせて。左中:美しいプリントのシルク生地が使われた、80年代エルメスの手袋。右上:1986年に発表されたエルメスのシープスキンのダッフルコート。左下:72年から80年のあいだに発表されたメンズのコートがずらり。右下:フランスのラシーネは、ウールジャージーの生地で有名なブランド。60年代に発表されたメンズのジャージー・シャツ。

MÉNILMONTANT et GAMBETTA
11ᵉ et 20ᵉ

メニルモンタン＆ガンベッタ
11区＆20区

CASABLANCA

GOLDY MAMA

BOULANGE

Casablanca

CASABLANCA
17, rue Moret 75011 Paris
métro : Ménilmontant
tél : 01 43 57 10 12 / 06 64 27 90 15
open : Mon-Sat 14:00-19:00

古きよき時代のデイリーウェアで、個性的なスタイルを
CASABLANCA
カサブランカ

ノスタルジックな表情のマネキンが並ぶ、大きなショーウィンドウが目印のカサブランカ。街のみんなと顔なじみになれる、親しみやすいメニルモンタンの雰囲気が好きというオーナーのナジャさん。演劇やダンス、映画のコスチュームデザイナーとして活躍した後に、このブティックをオープンさせました。メンズ、レディース、そして子ども服まで幅広く取り扱う中で、特に20年代から60年代のワークウェアは充実した品揃え。のみの市でナジャさんが出会い、長い月日を過ごした店内のマネキンたちはまるで家族のような存在。ジャネット、ジャン、ジャノなど、それぞれ名前もあるのだそう！

GOLDY MAMA
14, rue du Surmelin 75020 Paris
métro : Pelleport, Gambetta
tél : 01 40 30 08 00
open : Tue-Sat 11:00-19:30
www.goldymama.com

ポップでキッチュ、女の子のアパルトマンのような空間
GOLDY MAMA
ゴールディ・ママ

オンラインショップからスタートしたゴールディ・ママは、カチアさんが自分のようなヴィンテージ・ファンのためにと立ち上げたブティック。70年代のプリント壁紙が貼られたポップな店内は、30年代から60年代のドレスやアクセサリーなど、ガーリーなセレクションとあいまって、女の子のお部屋のような雰囲気。特に目をひく、お花の飾りがついたスイミングキャップは、50年代から70年代のものでカチアさんの宝物！中央のカウンターには、色とりどりのキャンディーもずらり。ファッションにスウィーツ、おもちゃまで、乙女ごころをくすぐるアイテムでいっぱいのキュートな空間です。

左上：グリーンの花柄ドレスは50年代のもので、ブルーのレース・ドレスは70年代アメリカのもの。右上：アメリカやヨーロッパの都市、そして中国まで、のみの市めぐりをするというカチアさん。右中：レトロな雰囲気を持つブランド、ルーシェのサマードレス。左下：おもちゃのように愛らしいブローチ・コレクション。右下：60年代を感じさせるセルジュとジェーンの写真をディスプレイ。

LE MARCHÉ AUX PUCES SAINT-OUEN

クリニャンクールののみの市

- PATRICIA ATTWOOD
- ARTÉMISE & CUNÉGONDE
- ANTIQUITÉS BECKER
- LES MERVEILLES DE BABELLOU
- IRMA
- FALBALAS
- LA SOURCE DU SAVOIR
- CHEZ SARAH
- DENYSE VINTAGE
- JOHANNE DEBEIRE
- JACQUELINE SAINSERE
- DANIEL ET LILI

Porte de Clignancourt Ⓜ

FALBALAS
Marché Dauphine 1er étage, Stand 284 & 285
140, rue des Rosiers 93400 Saint-Ouen
métro : Porte de Clignancourt
tél : 06 89 15 83 82 / 06 31 23 80 99
open : Sat, Sun & Mon 11:00-16:00
falbalas.puces.free.fr

ヴィンテージへの愛情が感じられる、絵画のような世界
FALBALAS
ファルバラス

世界一大きなのみの市として知られる、クリニャンクールののみの市。ファルバラスは、2階建てのホールになったマルシェ・ドーフィーヌの中にあります。オーナーのフランソワーズさんとエルワンさんカップルは、ハンドメイドで仕立てられたヴィンテージ服のコレクター。いつも素敵な着こなしをしていて、絵画の中から抜け出てきたような特別な雰囲気をまとっています。ブティックには、ふたりの知識と経験から集められた18世紀から1970年代までのメンズ&レディースのコレクションがずらり。昔の人々と同じような愛情をもって、1枚1枚ていねいにケアした洋服が並んでいます。

上：パウダーピンク色の壁面が、やわらかい雰囲気の店内。子ども服やテキスタイルも扱う、幅広い品揃え。中：ショップの外の通路にも、ずらりとディスプレイ。左下＆右下：さまざまな時代のマネキンを集めていて、違う時代の洋服を着せることで、新鮮なコーディネートを提案しています。中下：ふたりのお気に入りのデザイナーは、ティエリー・ミュグレーとクロード・モンタナ、そしてスペインのマリアノ・フルチュニー。

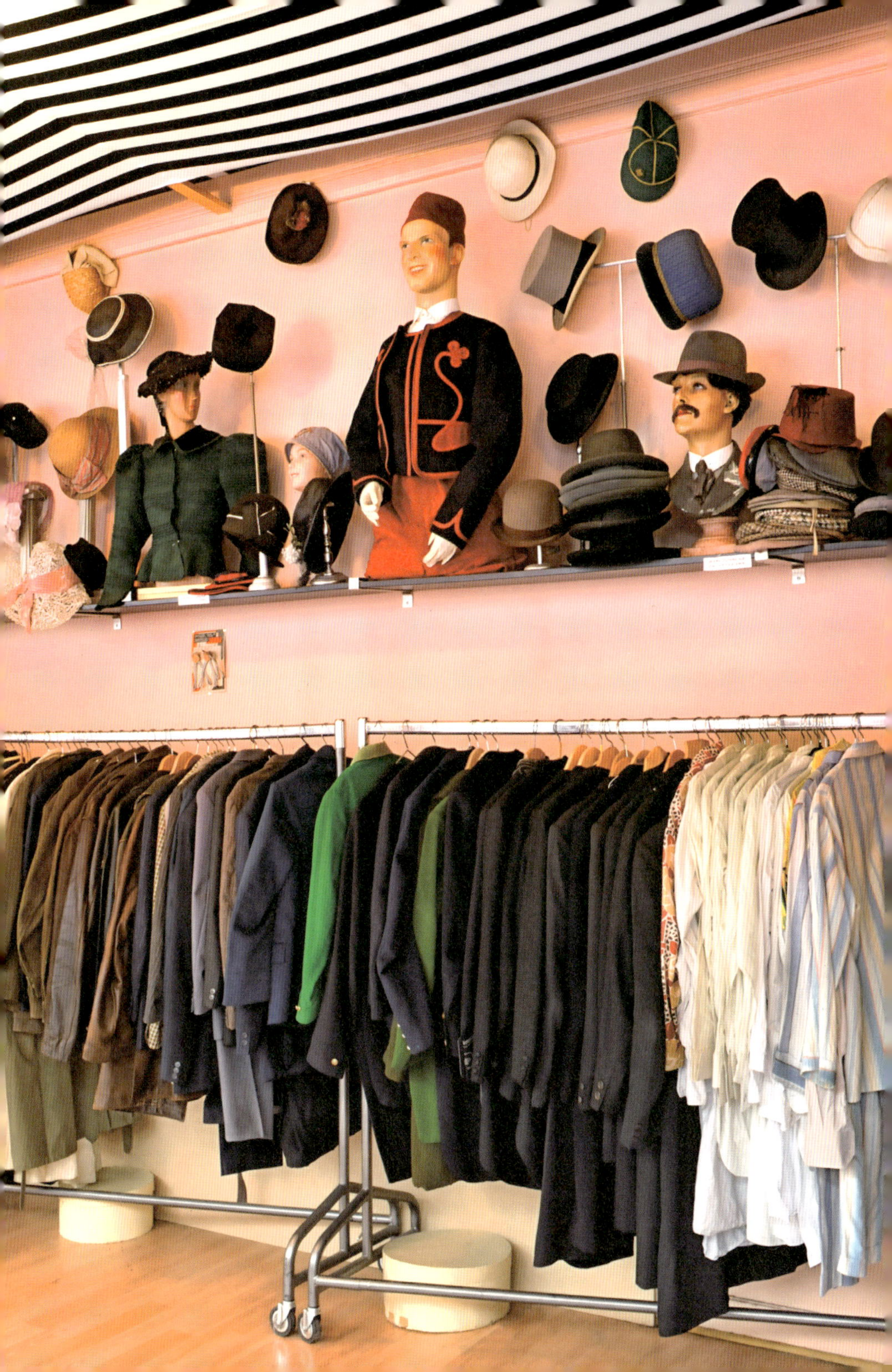

繊細なアンティーク・レースやファブリックと時間旅行
JACQUELINE SAINSERE
ジャクリーヌ・サンセール

マルシェ・ドーフィーヌの2階にあるジャクリーヌ・サンセールは、1900年代の古いレースやコットン、リネンを中心に扱うお店。パウダーピンクや乳白色のナイトガウンにアンダードレス、繊細な手編みのレースや、赤ちゃん用の服などが、いたるところにかけられています。1900年代にはレースの襟が社会的な地位を表すものであったように、ヴィンテージの洋服で、その時代の人々の暮らしをかいま見ることができて、興味深いと語ってくれたジャクリーヌさん。週に3日の営業日は、さまざまな国からやってくるお客さんとコミュニケーションすることを楽しみにしています。

JACQUELINE SAINSERE
Marché Dauphine 1er étage,
Allée Cézanne Stand 204-205
140, rue des Rosiers 93400 Saint-Ouen
métro : Porte de Clignancourt
tél : 01 40 12 42 36
open : Sat, Sun & Mon 8:00-17:00

DANIEL ET LILI
Marché Dauphine, Stand 128
140, rue des Rosiers 93400 Saint-Ouen
métro : Porte de Clignancourt
tél : 01 40 10 83 46
open : Sat & Sun 9:30-18:00

アクセサリーや手芸パーツ、インスピレーションの宝庫
DANIEL ET LILI
ダニエル・エ・リリ

ヴィンテージのアクセサリーをはじめ、リボンやビーズ、ボタンなどの手芸パーツの品揃えがすばらしい、ダニエル・エ・リリ。マルシェ・ドーフィーヌの店先は、アクセサリー類を並べたテーブルが出されていて、いつも多くの人でにぎわいます。さまざまなパーツが揃う、このお店はファッションやデザインにたずさわる人々のインスピレーション・ソース。店内に入ると1860年から1980年までのアクセサリーが、引き出しや箱に美しく整理整とんされています。ガラス戸棚の中に入っている、歴史的に貴重なコレクションを見逃さないで。マルシェ・ヴェルネゾンには姉妹店のリリ・エ・ダニエルもあります。

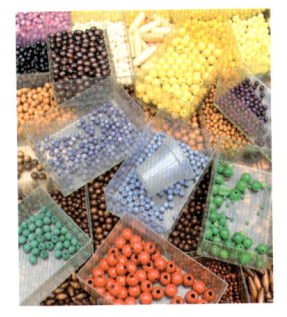

左上：店内に入って左側には、19世紀の古いポスターや本、カードなどのペーパー・コーナーも。
右上：ブックマークやコラージュの素材として親しまれていた「クロモ」をプレキシガラスに貼り付けたブローチ。右中：70年代はじめにフランスで作られた、野菜や果物のブローチ。左下：40年代から60年代のプラスチック・ボタン。右下：有名な映画のワンシーンの写真も。

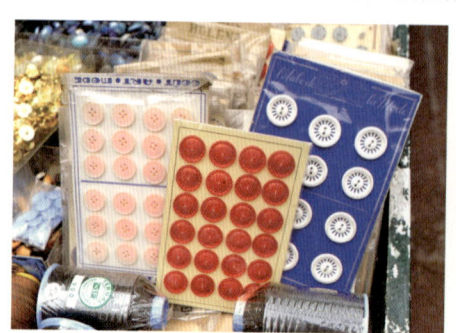

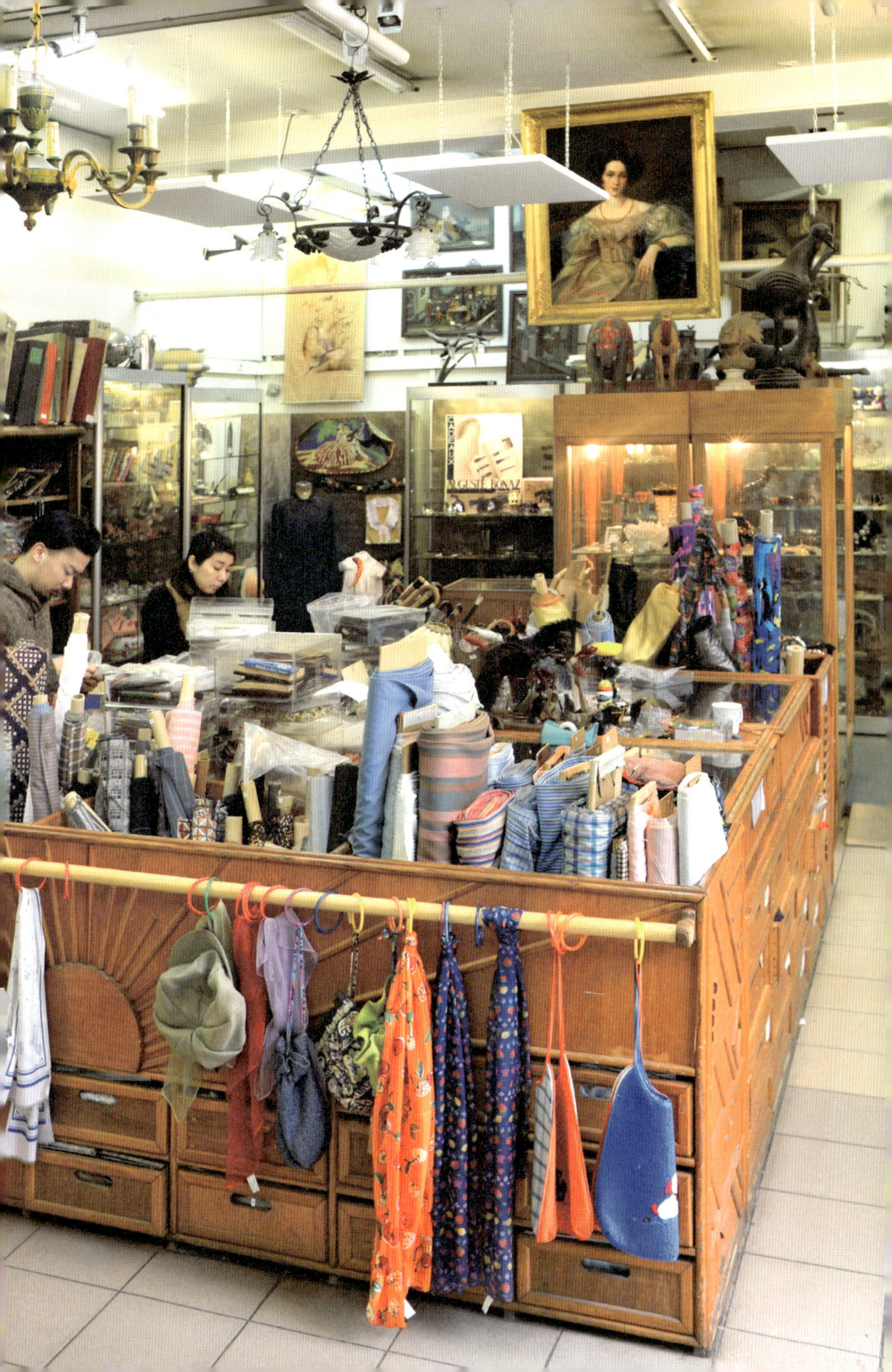

LES MERVEILLES DE BABELLOU

レ・メルヴェイユ・ドゥ・バベルー

LES MERVEILLES DE BABELLOU
Marché Paul Bert, Allée 1 Stand 13
96, rue des Rosiers 93400 Saint-Ouen
métro : Porte de Clignancourt
tél : 06 80 63 26 89
open : Sat 9:30-18:00, Sun 10:00-18:00
Mon 11:00-17:00
www.babellou-vintage.fr

特別なときをいろどる、エレガントなヴィンテージ・ドレス

クリニャンクールのメインストリート、ロジエ通りのつきあたりにあるマルシェ・ポール・ベールは、ポール・ベール通りといくつかのパッサージュ沿いに、ヴィンテージ屋さんが集まる小さな村のような場所。その一角にあるピンク色の2階建てのお店が、レ・メルヴェイユ・ドゥ・バベルーです。オーナーのイザベルさんが集めた1900年代から70年代までのドレスを中心にしたセレクト。ぜいたくなイヴニングドレスに、ウェディングドレス、ゴールドラメのガウンや、着心地のよいカジュアルなプリントドレスなど、さまざまなスタイルが揃います。メンズのアイテムもあるので、カップルでのドレスアップにも！

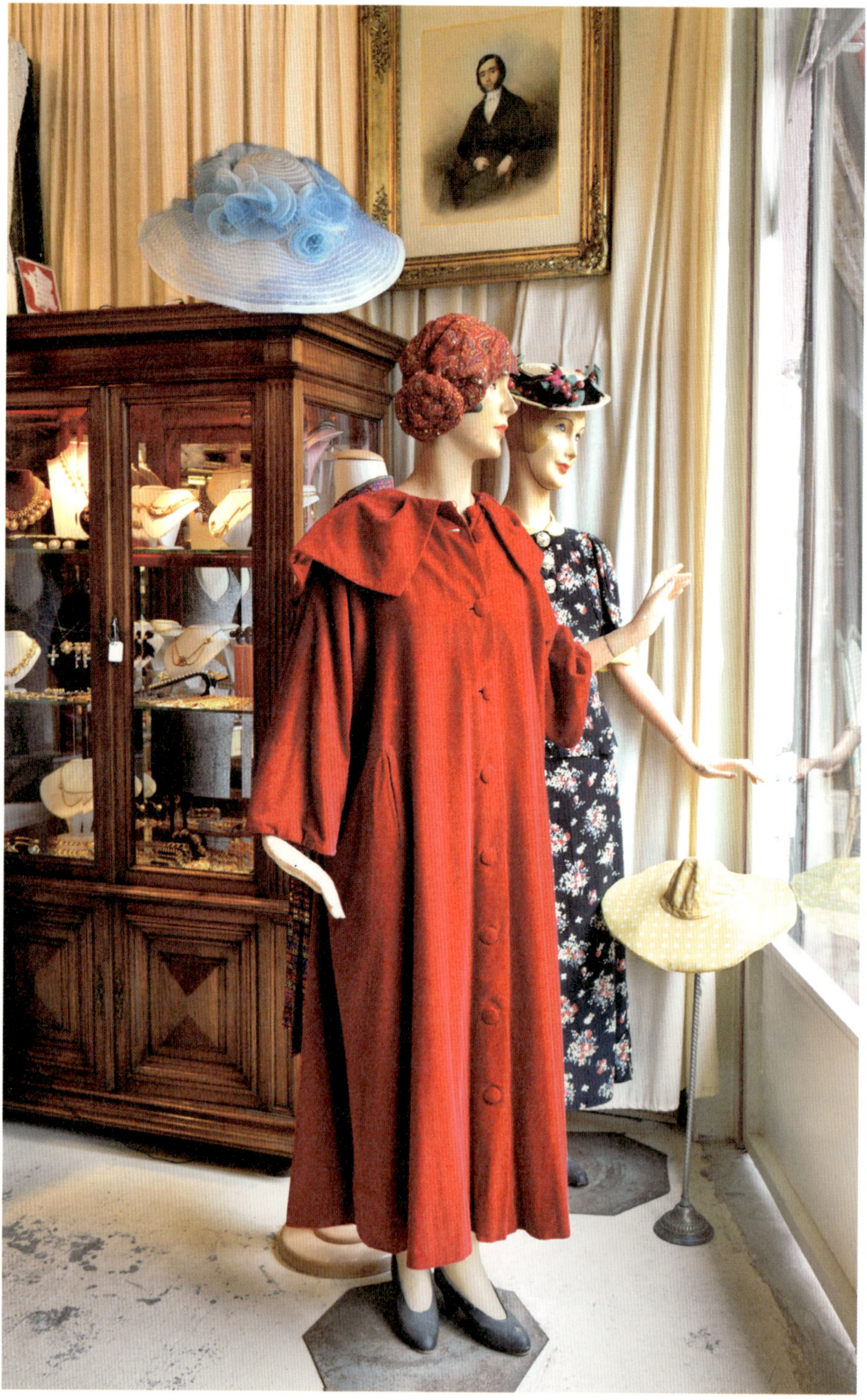

左上：20年代から60年代まで、さまざまなスタイルの帽子。**左中**：ディオールやイヴ・サンローランをはじめ、50年代にセルジュ・エリック・ウロックが手がけた美しいブローチの数々。**右上**：ウェディング・ドレスのコーナー。**左下＆右下**：クラシカルなスタイルの靴やヘアメイク道具など、小物が充実。すぐ近くに、もう1店のブティックを持つイザベルさん。コーディネートを楽しんでもらえるセレクトを心がけています。

クリニャンクールとヴィンテージとともに育ったブティック
CHEZ SARAH
シェ・サラ

通りに沿ったガラスの壁面に、素敵な洋服を着たマネキンたちがずらりと並ぶシェ・サラは、ファッション好きならば、足をとめずにはいられないブティック。サラさんは、おじいさんとおばあさん、お母さんのヴィオレットさんに続く、ヴィンテージショップの三代目オーナー。子どものころからヴィンテージ・ファッションに親しんできたこともあって、自然と知識が身についてきたそう。1880年代から1970年代までの洋服やアクセサリーの取り扱いがあり、色や柄、フォルムといったデザインはもちろん、生地の質などディテールにこだわったセレクトをしています。

CHEZ SARAH
27, rue Lécuyer / 18, rue Jules Vallès
93400 Saint-Ouen
métro : Porte de Clignancourt
tél : 06 08 01 80 89
open : Sat, Sun & Mon 10:00-19:00
www.chezsarah.fr

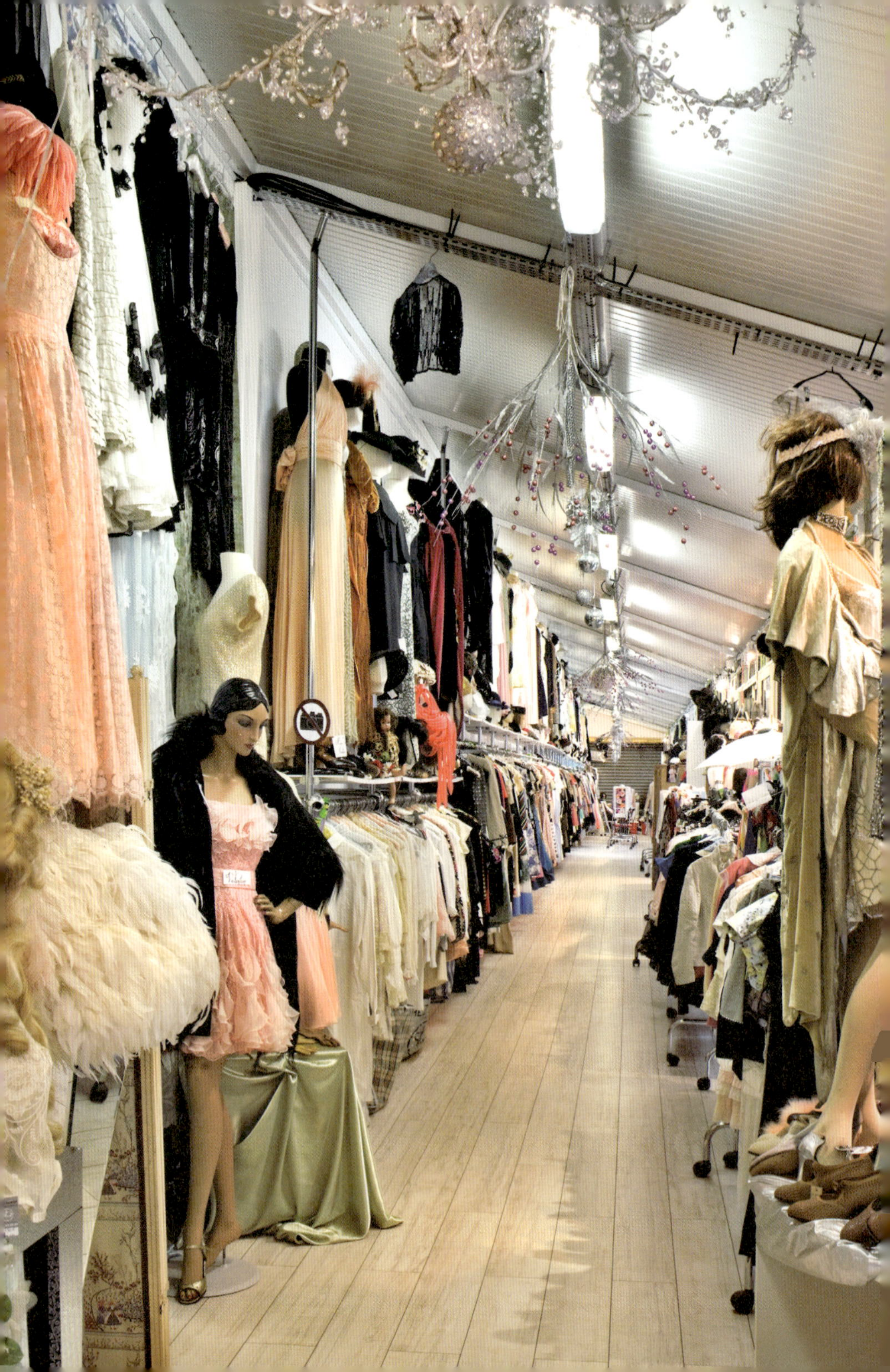

上：エレガントなガラスケースの中に、靴とハンドバッグをディスプレイ。**中**：赤い文字でイニシャルの刺しゅうが入ったリネン・リボンのコレクション。**左下**：50年代から70年代にピエール・バルマンでデザイナーをしていた女性のドローイング。**中下**：さまざまな種類のブレードリボンはロールごと、または計り売りで。**右下**：スパンコール刺しゅうがほどこされたドレスと、50年代の帽子をあわせて。

IRMA
イルマ

IRMA
Marché Vernaison, Allée 9 Stand 200
99, rue des Rosiers 93400 Saint-Ouen
métro : Porte de Clignancourt
tél : 01 40 10 08 57
open : Sat & Sun 9:30-18:00, Mon 11:00-17:00

レースと刺しゅう、それぞれのアイテムが持つ物語を大切に

ピュア・ホワイトにアイボリーやミルク色、さまざまなニュアンスのやさしい白が店内を包む、イルマはアンティーク・レースと刺しゅうのお店。モントルイユとクリニャンクールののみの市に、それぞれ店舗を持つオーナーのイルマさん。クリニャンクール店は、いちばん古いと言われるエリア、マルシェ・ヴェルネゾンの中にあります。ここは、通路沿いに小さな店舗が連なっていて、迷路のような場所。建物の上のほうに掲げられている標識を見逃さないで。イルマでは、ロシアのロマノフ王朝時代のすばらしい刺しゅうや、17世紀から伝わるヴェネツィアン・レースなど貴重なコレクションも見られます。

ANTIQUITÉS BECKER
Marché Vernaison, Allée 8 Stand 197
99, rue des Rosiers 93400 Saint-Ouen
métro : Porte de Clignancourt
tél : 06 12 15 61 82
open : Sat, Sun & Mon 8:30-18:00

ユニークなデザインが楽しい、ベークライトのアクセサリー
ANTIQUITÉS BECKER
アンティキテ・ベッカー

マルシェ・ヴェルネゾンの中にあるアンティキテ・ベッカーのオーナーは、娘のヴァレリーさんとお母さんのシャンタルさん。ヴァレリーさんがヴィンテージの世界に入ってから20年あまり、ずっと親子で仕事をしてきました。このお店では、40年代から60年代のカラフルなアクセサリーがたくさん集められています。当時よく使われていたプラスチックの一種、ベークライトを素材にしたコレクションは、すばらしい品揃え。ユニークなデザインのものが多く、その楽しさは現代のファッションにもぴったり。デザイナーのマリア・ゴダールとコラボレーションした、オリジナルのジュエリーも発表しています。

スペシャルな美しさをまとう、ヴィンテージのレース
DENYSE VINTAGE
ドゥニーズ・ヴィンテージ

のみの市は、さまざまな国から人々が集まる楽しい出会いの場所というドゥニーズさん。以前はフランス西部のルーアンにブティックを持っていましたが、クリニャンクールにお引っ越し。最初はマルシェ・ドーフィーヌでしたが、1994年からマルシェ・ヴェルネゾンにお店を構えています。自分らしさを表現するために、ほかの人とは違うスタイルをしたいと、以前からヴィンテージ・ファッションに身を包んでいたドゥニーズさん。このお店では1900年代から70年代までのドレスやアンダーウェアが充実。そのほかにもテーブルクロスやカーテンなど、美しいレース製品が揃います。

DENYSE VINTAGE
Marché Vernaison, Allée 2 Stand 83
99, rue des Rosiers 93400 Saint-Ouen
métro : Porte de Clignancourt
tél : 01 49 45 14 36
open : Sat & Sun 9:30-18:45

PATRICIA ATTWOOD
Marché Serpette, Allée 2 Stand 7
110, rue des Rosiers 93400 Saint-Ouen
métro : Porte de Clignancourt
tél : 06 23 15 20 71
open : Fri 10:00-12:00, Sat & Sun 10:00-18:00
　　　　Mon 11:00-16:00
www.that-little-pink-shop.fr

ファッションを心から楽しむ、リトル・ピンク・ショップ

PATRICIA ATTWOOD

パトリシア・アットウッド

屋内型のマルシェ・セルペットは、家具やインテリア雑貨のお店が多いエリア。その中で、ひときわ目立つあざやかなピンク色の壁面に、黒と白のフラッグチェックの床のブティックが、パトリシア・アットウッドです。このピンク色は、大好きなエルザ・スキャパレリへのオマージュだという元モデルのパトリシアさん。自身がモデルとして活躍していた80年代は、ファッションを心から楽しんでいた時代だったと感じるそう。このブティックでは、モデルのころに集めた80年代の洋服やアクセサリーをベースに、相性のよい50年代のコレクションや、アーティスティックなオートクチュールをミックスしています。

ARTÉMISE & CUNÉGONDE

アルテミズ＆キュネゴンドゥ

ARTÉMISE & CUNÉGONDE
Marché Serpette, Allée 1 Stand 28
110, rue des Rosiers 93400 Saint-Ouen
métro : Porte de Clignancourt
tél : 01 40 10 02 21 / 06 82 17 49 28 / 06 60 98 91 69
open : Sat 10:00-18:00, Sun 10:30-18:00
　　　 Mon 11:00-16:00
www.artemiseetcunegonde.com

テーマにあわせて週ごとに変わる、セレクト&ディスプレイ

マルシェ・セルペットの中にあるヴィンテージ・ブティック、アルテミズ&キュネゴンドゥ。オーナーのクララさんのおばあさんとお母さんが、40年以上前にオープンさせた長い歴史のあるお店です。ショップ名は、フランスのまんが、バンデシネの初期の作家として知られるクリストフの作品に出てくる子どもたちの名前から。ゆかいな冒険物語が、クララさんのお母さんと妹さんの姿と重なったからだそう。20年代から70年代までのオートクチュールの膨大なコレクションがあり、店内では毎週テーマをたててセレクトした品をディスプレイ。バッグや帽子などの小物も充実しています。

本は知識の源、ファッションのインスピレーションソース

LA SOURCE DU SAVOIR

ラ・スルス・デュ・サヴォワール

フランス語で「知識の源」という店名のラ・スルス・デュ・サヴォワールは、アートやデザインに関連する書籍を扱う古本屋さん。マルシェ・ドーフィーヌの2階にある店舗には、ファッションや香水、音楽や映画、車など、さまざまなカルチャーをテーマにした書籍が並んでいます。紙の上に表現されているものに関心があるという、オーナーのバジズさん。そして人との出会いが、このお店のインスピレーションになっています。のみの市を訪れる、さまざまな人々から質問を受けたり説明したりする中で、お互いに学ぶことも。のみの市ならではのコミュニケーションの楽しさがあるお店です。

LA SOURCE DU SAVOIR
Marché Dauphine 1er étage, Stand 216
140, rue des Rosiers 93400 Saint-Ouen
métro : Porte de Clignancourt
tél : 06 18 31 45 51
open : Sat, Sun & Mon 10:00 -18:00

ファッションとアートの歴史が眠る、雑誌と広告ヴィジュアル
JOHANNE DEBEIRE
ジョアンヌ・ドゥベイール

JOHANNE DEBEIRE
Marché Dauphine 1er étage, Stand 199
140, rue des Rosiers 93400 Saint-Ouen
métro : Porte de Clignancourt
tél : 06 63 09 14 46
open : Sat, Sun & Mon 10:30 -18:00

セーヌ河沿いに並ぶブキニストとして、ヴィンテージの雑誌や古い写真を扱っていたジョアンヌさん。マルシェ・ドーフィーヌに引っ越してきたのは2009年のこと。1880年代から1960年代までのファッション誌を中心に、映画やファッションなどの広告ヴィジュアルのすばらしいコレクションが揃うお店です。その時代を代表する、有名なイラストレーターの作品が使われている広告もたくさん。味わい深い印刷物には、いまではあまり見られなくなったテクニックが使われているのも興味深いところ。お気に入りの1枚をフレームに入れて、インテリアとして楽しんでみませんか？

toute l'équipe du livre

édition PAUMES
Photographe : Hisashi Tokuyoshi
Design : Kei Yamazaki, Megumi Mori
Illustrations : Kei Yamazaki
Textes : Coco Tashima
Coordination : Yong Andersson
Éditeur : Coco Tashima
Conseillère de la rédaction : Fumie Shimoji
Assistante de la rédaction : Suzuka Harada
Responsable commerciale : Rie Sakai
Responsable commerciale Japon : Tomoko Osada
Art direction : Hisashi Tokuyoshi

Contact : info@paumes.com   www.paumes.com

Impression : Makoto Printing System
Distribution : Shufunotomosha

Nous tenons à remercier tous les Boutiques Vintages qui ont collaboré à ce livre.

édition PAUMES ジュウ・ドゥ・ポウム

ジュウ・ドゥ・ポウムは、フランスをはじめ海外のアーティストたちの日本での活動をプロデュースするエージェントとしてスタートしました。
魅力的なアーティストたちのことを、より広く知ってもらいたいという思いから、クリエーションシリーズ、ガイドシリーズといった数多くの書籍を手がけています。近著には「ファミーユ・サマーベルのパリの暮らしと手づくりと」「北欧デコ・アイデアブック」などがあります。ジュウ・ドゥ・ポウムの詳しい情報は、www.paumes.comをご覧ください。

また、アーティストの作品に直接触れてもらうスペースとして生まれた「ギャラリー・ドゥー・ディマンシュ」は、インテリア雑貨や絵本、アクセサリーなど、アーティストの作品をセレクトしたギャラリーショップ。ギャラリースペースで行われる展示会も、さまざまなアーティストとの出会いの場として好評です。ショップの情報は、www.2dimanche.comをご覧ください。

Vintage in Paris
パリのヴィンテージ洋服屋さん

2012 年　9 月 30 日　初版第　1 刷発行

著者：ジュウ・ドゥ・ポゥム

発行人：徳吉 久、下地 文恵
発行所：有限会社 ジュウ・ドゥ・ポゥム
　　　　〒 150-0001 東京都渋谷区神宮前 3-5-6
　　　　編集部 TEL / 03-5413-5541
　　　　www.paumes.com

発売元：株式会社 主婦の友社
　　　　〒 101-8911 東京都千代田区神田駿河台 2-9
　　　　販売部 TEL / 03-5280-7551

印刷製本：マコト印刷株式会社

Photos © Hisashi Tokuyoshi
© édition PAUMES 2012 Printed in Japan
ISBN978-4-07-285110-4

Ⓡ＜日本複写権センター委託出版物＞
本書(誌)を無断で複写複製(電子化を含む)することは、著作権法上の例外
を除き、禁じられています。本書(誌)をコピーされる場合は、事前に日本
複写権センター(JRRC)の許諾を受けてください。
また本書を代行業者等の第三者に依頼してスキャンやデジタル化すること
は、たとえ個人や家庭内での利用であっても、一切認められておりません。
日本複写権センター(JRRC)
http://www.jrrc.or.jp　e メール : info@jrrc.or.jp　電話 : 03-3401-2382

＊乱丁本、落丁本はおとりかえします。お買い求めの書店か、
　主婦の友社 販売部 03-5280-7551 にご連絡下さい。
＊記事内容に関する場合はジュウ・ドゥ・ポゥム 03-5413-5541 まで。
＊主婦の友社発売の書籍・ムックのご注文はお近くの書店か、
　コールセンター 049-259-1236 まで。主婦の友社ホームページ
　http://www.shufunotomo.co.jp/ からもお申込できます。

ジュウ・ドゥ・ポゥムのクリエーションシリーズ

ノスタルジックなパリを感じる、古いオブジェ
Paris Brocante
パリのアンティーク屋さん

著者：ジュウ・ドゥ・ポゥム
ISBNコード：978-4-07-260400-7
判型：A5・本文128ページ・オールカラー
本体価格：1,800円（税別）

かわいい雑貨と出会える、50ショップ
Kawaii Stores Paris
パリの雑貨屋さん

著者：ジュウ・ドゥ・ポゥム
ISBNコード：978-4-07-280732-3
判型：A5・本文128ページ・オールカラー
本体価格：1,800円（税別）

本を愛する人のためのパリガイド
Paris Bouquins
パリの本屋さん

著者：ジュウ・ドゥ・ポゥム
ISBNコード：978-4-07-261574-4
判型：A5・本文128ページ・オールカラー
本体価格：1,800円（税別）

美しいパリの花と、21軒のフローリスト
Paris des fleurs et des fleuristes
パリの花とフローリスト

著者：ジュウ・ドゥ・ポゥム
ISBNコード：978-4-07-264963-3
判型：A5・本文128ページ・オールカラー
本体価格：1,800円（税別）

素敵なティータイムが過ごせる35店
Lovely Tea Time in Paris
パリでおいしいお茶時間

著者：ジュウ・ドゥ・ポゥム
ISBNコード：978-4-07-282932-5
判型：A5・本文128ページ・オールカラー
本体価格：1,800円（税別）

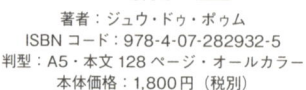

見た目もおいしい、パリのお菓子ガイド
Pâtisseries à Paris
パリのお菓子屋さん

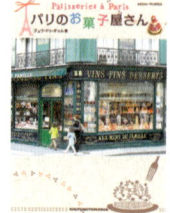

著者：ジュウ・ドゥ・ポゥム
ISBNコード：978-4-07-267890-9
判型：A5・本文128ページ・オールカラー
本体価格：1,800円（税別）

www.paumes.com

ご注文はお近くの書店、または主婦の友社コールセンター（049-259-1236）まで。
主婦の友社ホームページ（http://www.shufunotomo.co.jp/）からもお申込できます。